仁达方略 管理文库·国企改革系列
REDETAC CONSULTING

王吉鹏◎著

企业文化重构
如何应对时代变革下的文化挑战

中国财富出版社

图书在版编目（CIP）数据

企业文化重构：如何应对时代变革下的文化挑战/王吉鹏著.—北京：中国财富出版社，2016.7（2018.3重印）

（仁达方略管理文库.国企改革系列）

ISBN 978-7-5047-6152-1

Ⅰ.①企… Ⅱ.①王… Ⅲ.①企业文化—研究 Ⅳ.①F270

中国版本图书馆 CIP 数据核字（2016）第 117731 号

策划编辑	张彩霞		责任编辑	刘瑞彩			
责任印制	梁 凡		责任校对	梁 凡 张营营		责任发行	敬 东

出版发行	中国财富出版社		
社　　址	北京市丰台区南四环西路 188 号 5 区 20 楼	邮政编码	100070
电　　话	010-52227568（发行部）	010-52227588 转 307（总编室）	
	010-68589540（读者服务部）	010-52227588 转 305（质检部）	
网　　址	http://www.cfpress.com.cn		
经　　销	新华书店		
印　　刷	北京京都六环印刷厂		
书　　号	ISBN 978-7-5047-6152-1/F·2599		
开　　本	710mm×1000mm　1/16	版　次	2016 年 7 月第 1 版
印　　张	12.75	印　次	2018 年 3 月第 2 次印刷
字　　数	176 千字	定　价	39.80 元

版权所有·侵权必究·印装差错·负责调换

国企改革系列丛书编委会

主　　编　王吉鹏
编　　委（按姓氏音序排列）
　　　　　陈焕娥　邱　洁　丁跃家　顾　颖　华中山　黄位芳
　　　　　靳玉彬　刘　鹏　商晓辉　苏联菊　王韦玮　王志红
　　　　　臧文举　赵继岚　周　怡　周宇华

丛书总序

全球化和新常态下的管理困境与出路

2015年是不平凡的一年。在这一年里,"一带一路""长江经济带""京津冀一体化"等三大国家战略强力推进,"十三五"规划蓝图完成,供给侧结构性改革快马加鞭,中国有106家企业进入世界500强,国资国企改革如火如荼,创业创新在全社会蔚然成风。

中国企业整体面临许多管理困境:还没有完成市场化,又面临全球化挑战;还没完成工业化进程,又面临信息化变革;还没建成战略管理体系和创新体系,又面临瞬息万变的环境所引起的不确定性困扰;还没完成内部制度改造,又面临企业再造和重组;还没有国际化经验,又面临跨国公司的压力。总体而言,企业体量日益庞大、规模日益庞大的发展趋势依旧没有改变。但在这表面红火的现象背后仍难掩国有企业虚火旺、民营企业发展乏力的事实。尽管一直以来"重经营、轻管理"的观念没有改变,但管理的压力确实是越来越大。很多企业分不清经营与管理的差别,邀请经济学家指导企业的管理实践,更有企业用一时的经营业绩掩盖管理水平的低下与尴尬,企业的经营业绩像过山车一般忽上忽下,企业发展难以持续和稳定下来。我们知道,小企业试错成本低,风险和损失小,但大型集团企业一旦失误,成本高昂且牵连甚广,断不可如此稀里糊涂地交学费——试不起,也错不起。

目前，我们的企业本来就整体上缺少管理经验的积累，偏又遭遇国际经济形势的剧烈变化，再加上知识经济、信息化技术狂飙突进的发展、全球化进程加快等因素的加入，对企业管理提出了更高的要求。应对这"一低一高"，我们能走的无非两条路：一是照"本"宣科，加紧管理学的研究，让理论先行一步，能够给予管理实践以真正科学理性的指导；二是按"图"索骥，照葫芦画瓢——发现、研究标杆企业的优秀基因，通过对标，缩短我们跟优秀的管理先进的企业之间的差距。

但是，现实中这两条路我们走得都不够顺畅：学术界在学科准备方面严重不足，至今在实证研究方面缺少经验和积累，在具体指导企业管理实践的时候力不从心；企业方面，或缺少对经验教训的总结，或疏于彼此之间以及跨界的传播交流，因此，优秀企业的管理得不到有效的提炼总结，发挥不了共生共长的作用。

基于这些现实，我和我的团队多年来坚持研究和探索，试图在企业看似纷繁的管理实践背后探寻其内在规律。我们以市场的手段扎扎实实地开展理论探索和实践积累，研究先行企业（包括成功的和失败的）的方法论、得与失，进行系统的归纳、总结，提炼、提升，形成系统的方法论，然后再回归到实践，通过和企业的深度交流、咨询、论坛、峰会、文章、图书出版等各种形式，指导实践的展开。我们力图把企业的运作规律呈现出来，形成真正的"中国式管理"，进而凝结成具有普适性的理论以支撑我们的集团企业未来的发展，我们有理由相信，未来的管理学在中国，这是一定的。在企业如此丰富多彩、激动人心、波澜壮阔的实践基础上，探求理论为企业发展发挥作用的模式，生生不息，成长出影响世界的管理思想，产生管理大师，这是我们的责任与使命。

这个过程非常辛苦，但与此同时我们也得到了来自各方面的帮助和支持。我们在管理领域浸淫得越久，就越觉其迷人之处；我们的研究越深入，就越觉其博大精深；我们的积累越厚实，就越觉其丰富多彩。感谢伟大的时代给予我们接近并体会其真谛的机会，感谢各界对我们的信任和肯定，感谢客户在企业管理实践过程中应用我们的研究成果、发展和丰富我们的成果。

为了满足这样的现状，帮助企业认清当前的形势，掌握具有实际操作意义的方法论，仁达方略秉承"开创管理前沿、辅助产业领袖、共谋企业未来"的使命，在以往研究成果的基础上，同时注入了很多新的思想、新的案例，从而集结形成这套书，包含《集团管控》《法人治理》《企业文化重构》三部适应新时代需求的著作，和我们以前出版的图书既形成延续，也连成序列。我们希望这些研究成果能够成为企业的助手；我们也希望我们的研究能够成为中国管理思想、管理理论的一部分；我们还希望我们的研究能够输出国门，成为中国梦的一部分。

又是草长莺飞的季节，北京骄阳吐火，仁达方略公司古朴典雅的办公楼里，明清式样的家具在阳光里闪耀着迷人的光；同学们（公司内部的相互称呼）或高谈阔论，或埋头工作，随处可见的绿植生机盎然，11点准时播放的司歌催人奋进。从我办公室望出去，慈寿寺的玲珑塔巍峨耸立，古朴而庄重；昆玉河静静流淌，波光粼粼，安静的河畔不时有车辆快速掠过，急切而有序。所有的场景温馨而活力四射。祝福我们的同学，祝福我们的企业，祝福我们的时代，祝福我们的国家和民族！

仁达方略管理咨询公司董事长　王吉鹏
2016年5月30日于北洼路48号仁达方略公司东楼

丛书推荐序 1

十八大以来，我国政府实施集权、反腐、反寡头顶层设计，重构新的政治生态和改革范式，制定新的治国方略，规划了未来 30 年中国发展蓝图，改革的面貌焕然一新。伴随经济转型实现跳跃式发展，中国全面进入后强人政治的时代。

这将是一个知识经济、"互联网＋"、后工业化相叠加的混合经济时代，"以人为中心"多元化、多层次、多类型、多元文化融合，催生出一批崭新产业领域新课题。如何研读《关于深化国有企业改革的指导意见》（中发〔2015〕22 号）"1＋N"配套文件、《国务院关于改革和完善国有资产管理体制的若干意见》（国发〔2015〕63 号文），判定"供给侧结构改革"释放的政策空间，厘清改革方向，培育新经济动能，实施创新驱动战略和管理创新已经成为政府、企业界、智库等共同面临的重大课题。

本丛书集中收录了十八大以来特别是近两年来，仁达方略的集团管控、法人治理和企业文化重构课题组基础研究、最新项目成果，案例剖析视角独特、观点新颖，折射出仁达方略各位专家、咨询师的智慧，极具实践指导和理论价值。

仁达方略所著的《集团管控》首版面世以来，多次加印。新版《集团管控》篇章结构调整后，融入了新元素，如第三章《集团管控新趋势》中的"一体化管理""战略中心型组织"，第四章《管控模式》中"解密 63

号文""案例——L公司管控模式选择",第五章《首脑:总部定位》中"打造强势总部"等,无不彰显着仁达方略在集团管控领域的深厚研究底蕴。

法人治理是现代公司制度的核心和基础。"法人治理之于公司,犹如基石之于高楼。"当下人们往往只见楼宇,却不见支撑高楼的基石。能看懂法人治理的人不多,看懂并实践的则少之又少。鉴于此,新版《法人治理》从阐述法人治理本质入手,共九章,并从国际比较、央企集团法人治理、控制权之争等不同角度进行大量实证研究,提出:唯有建立完善法人治理结构,才能真正落实国企改革等主旨观点。

2007年3月,《企业文化重构》(第一版)由中国电力出版社出版后,一度受到企业界热捧。针对近年来"新常态"经济环境,国资国企混改、并购重组实践重大变化带来的一系列新的矛盾问题,新版《企业文化重构》重新调整篇章结构。该书共十章,其中前九章着重论述中国社会大变革、社会转型给文化重构带来的深刻影响,并从国企改革、互联网冲击、中国制造与中国文化、企业文化重构路径选择等多个方面阐述,第十章对仁达方略项目之"中储粮企业文化重构"实操案例全面详尽解剖,开创了"理论+案例"实证研究新模式。

相信本丛书能帮助企业界全面理性解读新的政策制度的逻辑脉络,把握企业管理内涵和精髓,激发创新动力;文章既具专业性,又不乏生动案例,给读者带来轻松愉悦而又能启发思考的阅读体验。

《中外管理》杂志总编 杨光

2016年5月

丛书推荐序 2

近期仁达方略管理咨询公司的《集团管控》《法人治理》《企业文化重构》三本新书即将面世，邀我作推荐序。

改革开放以来，我国涌现出一大批资产雄厚、所属成员单位众多的国有和民营企业集团，企业集团母子公司以资本为主要连接纽带。企业集团这种组织形式在快速发展的同时，管理控制问题始终与之形影相随，集团管控成为集团公司管理的重要内容。《集团管控》一书梳理了新一轮国企改革的背景和方向；阐述了国有资本投资运营公司的改革思路；介绍了战略中心型组织、价值型总部、一体化管理等集团管控的新趋势；系统论述了集团管控的主要类型，以及总部定位、组织设计、责权体系、业绩评价等相关实务方法。

现代企业制度是我国企业发展的重要方向，法人治理结构主要处理股东、董事、监事和经理层的关系，旨在使公司高效运转和可持续发展，因而成为现代公司制度的核心。《法人治理》一书论述了混合所有制企业怎样防范国资流失以及如何有效保卫民资话语权、央企强强合并后如何设计法人治理结构、民营企业如何对抗野蛮人守护控制权等企业实践中的相关热点和难点问题，并展示了"合伙人"制、双重制衡、代理参与权以及新型的网络治理模式等法人治理新动态。

当前经济全球化的步伐正在加快，我国经济发展也已步入新常态，这正是新旧体制转换、经济发展方式转变、产业结构大调整和大改组的时期，也是企业制度创新、资产重组、管理变革和产品更新换代的加速期，可以说，在这样一个大变革的时期，外部环境的变化必然会对中国企业的战略和文化传统提出变革的要求。《企业文化重构》一书指出当代中国正处于第三次社会转型期，即从传统农业社会向现代工业社会、从封闭向开放、从体力型向技术型、从知识型向智慧型社会转型，进而详细阐述了社会转型时期企业文化重构的主要内容和具体实施路径。当今时代80后、90后新生代员工正逐渐成为企业员工的主体，书中描述了互联网时代多中心、无层级、同步快速的信息传递方式，提出互联网时代的企业文化建设应该去中心化、去集权化，让每一位员工成为企业文化建设的主体和主动参与者。

在全球化、市场化和信息化的发展浪潮中，集团公司如何选择与运用集团管控模式，以有效实现集团的价值与提高集团的运作效率？在建立现代企业制度的进程中公司如何才能完善自身的法人治理结构？在社会转型的大背景下企业如何进行企业文化重构，以支撑企业的转型发展？这是当下我国企业管理者面临的一些热点问题。上述三本新作，围绕新形势下企业发展过程中的这三大管理热点问题展开讨论。丛书阐述了仁达方略的诸多观点，引用了仁达方略的诸多咨询案例和大量新近相关案例，这对于正在求新求变征途中的中国企业具有实践参考价值。

开卷有益，我相信本套丛书的出版将给企业界人士和众多读者带来诸多助益。

北京交通大学经济管理学院企业文化管理研究所所长　黎群博士
2016年6月于交大红果园

丛书推荐序 3

2016 年，我们站在了经济周期的调整阶段。

得益于外部条件改善，得益于工业化往上冲，2004—2012 年这段时间，是我国经济增长速度非常快的几年，那时候人们最常说的一句话就是"猪站在风口也会飞"。但是从 2012 年之后，欧洲的金融危机传导到了全世界，经济步入下行，中国经济进入调整阶段。

在经济高速发展浪潮的涌动下，市场环境一片繁华，企业发展日行千里。但当经济步入"新常态"，增速减缓，企业发展便疲顿不前。企业开始暴露出各种弊端，企业经营每况愈下，企业家也从自信满满变得迷茫惆怅，每个人都会想要知道：我该怎么办？

寒冬里面，做企业的第一要务是什么呢？保持现金流，现金为王，投资应谨慎，有现金就有血，才不会倒下。第二步就是练内功。潮退风停之后，不是停滞不前，而是应更加深入地思考：我们的企业究竟哪里做得好，哪里做得不好还可以提升。

第一问：企业战略方向是否正确？

战略是企业对内外环境充分认识的基础上，统观全局而提出的不同层面的发展规划。企业战略代表的是企业应该往哪儿走，指引着企业的发展方向。在潮涨风吹的大好环境下，选择企业战略是根本。它的根本性体现在两个方面：第一个方面是指要选择正确的战略，才能够最大限度的把握经济形势、政策制度所带来的机遇。第二个方面是指要选择正确战略，才能够稳步前进；选择错误的方向则会徒劳无功，任凭多高的浪、多大的风都是于事无补。

当潮退风停之后，企业战略的根本性作用便会得以加倍放大。如果把企业看作一条船，那么经济市场便是船下潺潺的水流，政策制度是款款而来的清风。企业在这样的环境中可以没有明确的发展方向，只要把握当下，不顶风逆流，终归会在顺水顺风中逐步发展。但当经济形势下行、政策力度收缩的时候，水流变了、风向也变了，企业便会受挫。

第二问：企业运营和管理是否科学？

企业战略告诉企业应该往哪儿走，运营则告诉企业如何往那走。

做好运营是企业发展的关键，其包含两层含义：一是企业要有高瞻远瞩的战略方向。二是沿着战略方向做好运营。在潮涨风吹的大好环境下，良好的运营无疑是锦上添花，可以帮助企业更快、更平稳地发展。当潮退风停之后，良好的运营成为企业有力的支撑，可以帮助企业及时发现和处理弊端。

潮退风停之后，尽管市场情况如此惨烈，但对于中国的企业而言未必是件坏事。如果一直寄希望于好的经济形势、政策制度，而忽视对企业内部的管理，那么失败是必然的事情。

仁达方略推出的一套三本图书——《集团管控》《企业文化重构》和《法人治理》，细读下来，令人豁然开朗。我想对于身处转型调结构的企业来说，无疑是一场及时雨。它告诉我们做企业还可以从哪些地方进行提升，告诉我们做企业要避开哪些陷阱，告诉我们原来转型升级、企业文化是多么的重要。

希望改革洪流中的企业，都能沉下心，读一读这三本书。

凤凰国际智库秘书长　张林

2016年5月

自 序

西方企业文化理论引入中国及其在中国的实践探索，迄今已有30多个年头了。然而，我们朴素的文化实践，如鞍钢宪法和大庆精神，将近60年了，算上同仁堂，300多年了！

企业文化的概念、基本理论，大家可能都不陌生。很多企业在企业文化建设、企业文化管理上取得了可喜的成绩，甚至出现了很多业界楷模。

成绩固然可喜，然而随着时间的演进，很多要素发生了变化，比如，社会环境剧烈变化、互联网的冲击、大量的新生代人群成为企业的主体，他们的思维方式、行为方式不断地冲击着企业既有的文化体系；再如这些年大量的企业兼并重组，大批的企业引进来走出去，国际化如火如荼，各种文化相互碰撞、相互融合，各种文化相互冲突、相互排异等。社会大背景因素必然会影响和渗透到企业文化当中来，企业文化本身也不断地演进、发展。移动互联时代的到来，从技术上不断推动企业文化的变革。种种因素汇集到一起，就对我们既有的文化理论、文化实践以及很多企业已经形成定式的企业文化体系提出了文化重构的要求。

企业文化重构是我们在2004年就提出的观点，并在2006年出版了同名的专著，只不过当时是以电力行业为研究对象。另外，学术界还有人称之为文化变革、文化再造、文化创新，等等，表达不同，但传递的是同一种理念。但我们认为，用"文化重构"一词作为理论的表述更贴切些。

希望通过这本专著，与企业文化研究同人共同探讨，为企业经营管理实践提供借鉴，同时，我们也希望通过这本书推动国内在企业文化领域产生新的理论和方法论。

2012年以后，一些中小企业的文化实践给我们带来了一抹亮色，比如海底捞、德胜洋楼等，国内很多人的研究视角迅速地从华为、联想、海尔这些大企业转向了这些中小企业。与此同时，互联网快速发展，也有一些人开始去研究新经济。但是，在企业文化领域，仍然没有新的理论。2013年社会主义核心价值观全面颁布并开始宣贯。十八届三中全会对国资国企改革提出了纲领性要求，混合所有制改革、国有企业兼并重组等如火如荼，国企、民企文化冲突不断应如何融合，兼并重组后文化又该如何整合，客观上，这对文化的重构提出了要求。"一带一路"战略实施、企业大规模走出去、国际化、不同国家民族的跨文化管理、移动互联带来的影响、大量新生代群体走进职场……多种因素叠加、冲击，造成现阶段处于重大理论突破的前夜：一方面在企业实践上百花齐放；另一方面企业文化理论将面临重大突破。西方企业文化理论的引入已有30多年了，我们也确实到了应该刻意与国外的理论做切割，形成真正的中国企业文化理论的时候了。

路在脚下，梦在前方。

仁达方略管理咨询公司董事长　王吉鹏
2016年5月30日于北洼路48号仁达方略公司东楼

目　　录

第一章　社会大变革与企业文化大重构 …………………………… 1
　第一节　中国社会的变革 ……………………………………… 3
　第二节　社会转型与企业文化重构 …………………………… 6

第二章　国企改革 ………………………………………………… 13
　第一节　国企改革最大难点是文化转变 …………………… 15
　第二节　混合所有制企业的企业文化重构 ………………… 17
　第三节　企业改制后的文化重构 …………………………… 21

第三章　企业变革 ………………………………………………… 25
　第一节　环境变了，你的企业文化变革了吗 ……………… 27
　第二节　企业成长周期与文化重构 ………………………… 30
　第三节　企业低迷期的文化重构 …………………………… 33
　第四节　企业走出去后，如何进行文化重构 ……………… 37
　第五节　案例研究：中石化走出去文化重构 ……………… 40

第四章　互联网冲击 ……………………………………………… 45
　第一节　互联网对社会和企业的影响 ……………………… 47
　第二节　电子商务时代的企业文化重构 …………………… 50

— 1 —

第三节　互联网时代的企业文化建设 ·············· 51
第四节　案例研究：阿里巴巴企业文化重构 ·············· 53

第五章　中国制造与中国文化 ·············· 57
第一节　中国制造2025 ·············· 59
第二节　从文化重构角度提高企业核心竞争力 ·············· 61
第三节　企业转型与文化重构——以制造业为例 ·············· 62

第六章　企业文化重构的理论基础 ·············· 69
第一节　企业文化基本理论 ·············· 71
第二节　应用企业文化理论 ·············· 76
第三节　企业文化生态理论 ·············· 83
第四节　企业文化落地理论 ·············· 88
第五节　跨文化沟通理论 ·············· 95
第六节　企业文化融合理论 ·············· 102
第七节　案例研究：中国大唐企业集团文化重构 ·············· 109

第七章　企业文化重构的主要内容 ·············· 115
第一节　愿景与战略 ·············· 117
第二节　价值观与运营理念 ·············· 118
第三节　企业伦理与道德 ·············· 121
第四节　制度与规范 ·············· 123
第五节　企业形象 ·············· 124
第六节　案例研究：交通银行企业文化重构 ·············· 125

第八章　企业文化重构的一般类型 ·············· 131
第一节　战略导向型企业文化 ·············· 133

第二节　市场导向型企业文化 ·················· 135
　　第三节　绩效导向型企业文化 ·················· 137
　　第四节　案例研究：海尔的文化重构 ·············· 140

第九章　企业文化重构的路径选择 ················ 143
　　第一节　由内向外的企业文化重构 ················ 145
　　第二节　企业文化评估：为企业文化重构夯实基础 ······· 147
　　第三节　重构价值观体系：寻找行为的根源 ··········· 153
　　第四节　重构行为规范体系：建立基于价值观的行为规范 ··· 158
　　第五节　新企业文化体系的落地 ················· 161

第十章　经典案例研究：中储粮企业文化重构 ·········· 173
　　第一节　中储粮企业文化重构背景和重构成果 ·········· 175
　　第二节　中储粮企业文化重构特点 ················ 176

后　记 ································· 182

ate # 第一章
社会大变革与企业文化大重构

21世纪的头十五年已悄然过去，就像经历20世纪80年代风云激荡的人们很难想象90年代中国会走向经济高速起飞之路，而亲历90年代社会转型危机的人们也难以预料21世纪以来中国的猛然崛起。从世纪之交成为世界制造业加工厂到2008年北京奥运盛大召开，再到2010年GDP（国内生产总值）超过日本成为全球第二大经济体，中国的巨变带来多重社会文化效应。20世纪80年代的文化伤痕、90年代的发展之痛，开始在21世纪被重新收编、改写为新的文化图景。当代中国特色社会主义市场经济体制改革，已经融入全球"后发"国家社会大变革转型潮流，演变成为一场全面、整体性社会结构变革。从本质上看：它不仅是一场经济领域的变革，而且是一场波及全社会、全民族的思想、文化、政治、心理等各领域、各层面的文化变革，必将导致企业文化大重构。

第一节　中国社会的变革

改革开放30多年以来，中国已经发生了真正意义的社会转型，开启了社会体制改革的序幕，正处于前所未有的社会大变革时代。

中国社会的变革意味着从原有计划经济体制向社会主义市场经济体制转变，农业社会向工业社会转变，乡村社会向城镇社会转变，封闭半封闭社会向开放社会转变，伦理社会向法理社会转变……结构转型与体制转型并行交织，涉及所有社会结构要素剧烈变化与调整，最终将确立社会主义市场经济体制以及与之配套的经济、政治、思想文化等。

中国社会结构变迁、社会文化心理转型给我国本土企业文化建设带来了一系列重大深刻影响，对企业文化建设提出了新要求。一是文化"全球化"对企业经营管理的全面渗透，对企业文化建设提出了与国际接轨的新思路。二是区域经济和文化的融合更加深入，对企业文化建设提出了竞合、多赢发展的新理念。三是"市场化"趋势促使国企传统思维向"混合"文化转型，为企业文化建设提出了创新图强的新要求。四是"和谐社会"的社会导向理念，为企业文化建设提出了新方向：要求企业处理好企业内外部各种关系；要求企业的改革主要侧重于效率优先；要求企业变简单的物质福利为以精神心理为主的管理方式；变被动管理为职工群众的自我配合管理；变单纯的以行政、经济手段的管理为经济、法律、文化约束的综合管理；要求企业进一步发挥社会责任意识，不仅要求企业创造利润，还要求企业对职工、合作伙伴、自然环境、社会负责。随着经济的快速发展，我国逐渐进入经济和社会的转型期，企业社会责任理念在中国广泛传播。中央企业作为国民经济的重要支柱，其社会责任状况引起了公众越来越多的关注。

仁达方略课题研究认为

当代中国社会主义市场经济改革已不再仅仅局限于体制变革的狭隘领域，它已会同发展中国家的现代化进程，一道融入了世界范围内的"后发"国家的社会转型潮流之中，是一场全面、整体性的社会结构变革。它不仅是一场经济领域的变革，而且是一场全社会、全民族的思想、文化、政治、心理等各方面的"革命"。当社会转型的时候，它的方向应该是更高程度的市场化、更高程度的全球化和更高程度的法制化。社会转型肯定要呼唤文化的重构，文化重构的重点应该是观念的转变、制度的创新及秩序的重构。需要指出的是：社会转型和文化重构应该并驾齐驱，在中国我们的硬实力和软实力也应该并驾齐驱。当下中国的文化转型也意味着一种价值观念的转变。面对社会转型，中国企业要更加注重顶层设计，在对未来趋势前瞻性预判的基础上，进行系统性、体系化的战略规划，并把战略和利益分配挂钩，把战略与管理部门职能转变挂钩，把战略与企业文化重构挂钩，如此才是实现企业转型升级、打造智慧企业的出路。

企业文化重构指企业在发展到一定阶段后，重新提炼、创新其文化理念体系，并使之目标化、战略发展化。

在重大社会转型背景下，经济增速整体放缓，外部环境与内部环境的悄然改变，决定了中国企业的转型升级已经迫在眉睫，尤其是央企。作为我国最大的先进技术装备引进服务商、最主要的大型及成套设备出口、国际工程承包及对外经济技术合作企业之一，中国通用技术集团从5年前营业收入130多亿元到2011年营业收入接近1300亿元，逐步实现了由单一的外贸型企业向具有国际竞争力的科工贸一体化大型企业集团转型。在全球经济衰退、内外需求不振的大背景下，中国通用技术集团的"奇迹"从何而来？还是从企业文化重构说起。

中国通用技术集团成立于1998年3月，是由中央直接管理的国有重要骨干企业。20世纪90年代，中国通用技术集团逐步介入国际工程承包业务，并成为落实国家"走出去"战略的先行者和主力军。

2005年，这家央企公布的企业文化理念体系是：企业精神是追求完美、创造卓越；企业使命是为股东创造丰厚价值、为客户提供完美服务和优质产品、为员工搭建实现人生价值的舞台、为我国国民经济发展和社会进步做出卓越贡献；愿景是在应对变化、整合资源、持续创新、创造价值方面领先一步，成为一流的国际化大型企业集团；经营哲学是一个目标、两个坚持、三个追求——一个目标是加快发展、做强做大，两个坚持是坚持以人为本、坚持诚实守信，三个追求是追求企业效益最大化、追求客户满意度最大化、追求员工个人发展空间最大化；管理法则是规范、高效、激励。

2007年，中国通用技术集团在开始实施转型升级战略之初，明确提出"把技术进步作为立企之基、兴企之源、强企之路"。2010年，他们又进一步提出要深入实施科技兴企战略，并设立了自主创新专项资金和科技奖励基金，用于支持和奖励子公司的科技创新。经历了近几年的转型实践，中国通用技术集团大力推进传统外贸业务向"专业化国际工程承包商、专业化工程项目管理商、专业化商品供应链综合服务商"转型，并开始了企业文化重构。中国通用技术集团文化重构重点是在愿景、使命、核心价值观等方面进行了重塑：企业愿景是建设具有国际竞争力的科工贸一体化大型企业集团；企业使命是为国家创造财富、为客户创造价值、为员工创造幸福；核心价值观是创新进取、和谐共赢；企业精神是团结拼搏、勤奋耕耘、坚韧执着；经营理念是诚信、开拓、专业、服务；管理理念是科学、规范、高效、务实。

中国通用技术集团大力实施以推进产业化转型和商业模式重构为核心的转型升级战略，实现了跨越式发展，经营规模与经济效益快速增长，产业结构持续优化，科工贸一体化产业格局初步形成，核心竞争力显著增强。在美国《财富》杂志发布的 2014 年度世界企业 500 强榜单上，集团以 257 亿美元营业收入首次入围，排名第 469 位。

针对社会转型期间企业文化重构工作，仁达方略强调要注意把握好以下尺度：一是要把握"以人为本"的度。在整个社会转型时期，文化导向日趋多元化，人们的价值观与行为方式也呈现多样化。二是要把握"民主管理"的度。企业文化倡导的"民主管理"是强调吸取集体的智慧。三是要把握"单边灌输"的度。有些企业负责人，把发展企业文化作为仅仅是为了实现自己的意志，建立的企业文化只是"双重标准"下的"单边灌输"，实际上是一种"老板文化"。

在社会转型背景下，企业文化重构的意义是要去"倡导"和"塑造"一些适应新战略的文化元素，并且努力让其被员工接受，成为行为做事的准则。新的企业文化是一种精神，通过向员工宣导这种精神，进而让员工形成行为文化，这种行为文化久而久之又对精神起到巩固和强化作用。如此相互作用，企业文化便可深植人心，成为强大的"气场"，达到潜移默化改变员工行为的目的。

第二节　社会转型与企业文化重构

社会转型（social transformation）是指社会结构与社会形态的根本变迁。

当代中国正处于第三次社会转型期，即从传统农业社会向现代工业社会、从封闭向开放、从体力型向技术型、从知识型向智慧型社会转型。从形态上看，社会转型具有全方位、多向度、多角度、多层次性，从时间上看是急剧加速变革，从历史进程看，具有复杂性与艰巨性特征。总之，社会转型速度、广度、深度、难度前所未有，巨量的事情被挤压在一个相对有限的时空当中，挑战之大、难度之高，前所未有。

其社会基本特征表现为，随着城市化、市场化、信息化、工业化和国际化深入推进，社会开放程度全面提高，社会形态逐步由伦理化社会向民主法制社会转变。新旧体制交替，利益分化显露，价值取向各异，"物化"状态严重，文化观念碰撞加剧，体制和法律不能同步衔接，社会异常活跃、动荡不定，积累较多矛盾与社会问题。社会和经济之间、城乡之间、区域之间以及行业之间发展不平衡，各种矛盾错综复杂相交织。社会焦虑普遍存在，各种负面的力量呈现某种放大、膨胀的状态。

此外，社会转型还带来一些变迁性、转轨性或全球性社会问题，其中包括时代遗留或新出现的社会问题。从国际上看，世界多极化、经济全球化和信息化给我国社会和谐稳定带来许多新情况、新问题。从国内看，我国正处于改革"攻坚期"和发展"关键期"，一些深层次矛盾问题逐步暴露，尤其需要很好地解决处理。

社会转型给企业文化重构带来影响

所谓企业文化重构，也称文化再造，指由于企业内外环境发生改变所引起的企业文化整体结构体系变化，其本质是对已有某种文化现象的再认知，是一种对病态、滞后的企业文化彻底扬弃后形成的更高层级企业文化。

当代我国社会转型已经给企业文化重构带来了深刻影响。

首先，当代中国社会转型引发大量社会矛盾、冲突，触及社会深层核心价值观。

新旧体制更替，原有社会结构（包括制度、群体组织、社区人口、意识形态、家庭、财富等）平衡被打破，社会形态、多元利益主体诉求及利益关系复杂化。社会生活、心理结构、价值观念、行为方式、价值体系深刻变化。新旧观念冲撞、摩擦局部失控，约束人们行为的制度规范体系相当多元化；原有行为观念、道德合理性受到质疑；利益群体调整、社会资源分配不公、贪污腐败引发利益冲突、贫富悬殊、社会分层、就业等大量社会矛盾冲突，都可归结为"社会转型综合征"。

其次，全球文化多样性、多级化演进与世界化趋同融合不断渗透进入本土企业文化体系。

经济全球化推动本土企业文化多样性、多极化演进和世界化趋同融合。中国传统儒家文化、地域文化以及混合所有制多元文化重构愈演愈烈，从国家文化战略、城市文化逐渐渗透到企业文化层面。21世纪，企业文化重构成为打造国家核心竞争力、重建民族认同的重要途径。

混合所有制经济、多元文化整合理念下，中国本土企业要更大范围、更高层次地参与全球化竞争，须顺应文化多极化、全球化趋势，加速与世界文化接轨。

最后，"一带一路"、京津冀等东中西部区域经济一体化、跨国并购战略，促进了跨文化沟通（Cross－Cultural Communication），表现为竞合、多赢理念下，一些地区企业、跨国投资合作方之间，通过整合产业链上下游、尊重文化差异、跨文化沟通，实现了外来文化本土化、地域文化的世界化趋同融合。

经济全球化推动企业文化重构呈现多样化、多极化演进，世界化趋同融合趋向。而社会转型期各类环境要素（包括政府政策法律、科技创新、民族地域与外来文化、行业特征、公司战略调整、组织变革、企业家特质等）冲击下，原有企业文化体系与内外环境、集团战略阶段性调整不匹配，企业文化重构成为必然选择。

经典案例——中国人寿企业文化体系重构

中国人寿保险（集团）公司，前身为1949年成立的原中国人民保险公司，2003年重组改制为国有特大型金融保险企业，中国最大商业保险集团、资本市场最大机构投资者之一。业务涵盖寿险、财产险、养老险（企业年金）、资产管理、另类投资、海外业务、电子商务等领域。

中国人寿拥有全球最大客户群，其中短期保单客户1.8亿人次，长期客户1.6亿人次，累计服务对象超6亿人次。2013年总保费收入3868亿元，境内寿险业务市场份额31.6%，总资产24071亿元。连续12年入选《财富》世界500强企业，2014年跃居第98位；连续7年入选世界品牌500强，品牌价值达1745.36亿元，内资"保险第一股"，纽约、中国香港和上海三地上市，全球市值最大上市寿险公司。

中国人寿作为新中国历史最为悠久的保险公司之一，自创立以来就十分重视企业文化建设，先后提炼了"憋足一口气，拧成一股绳""成己为人，成人达己""用心经营，诚信服务""厚德善行"等一脉相承的文化理念和精神。这些企业文化成果激励着一代代国寿人拼搏进取、奋发有为，成为中国人寿弥足珍贵的精神财富。2003—2014年，中国人寿面临社会转型、外资保险进入境内、寿险竞争白热化、外部环境变化，以及集团化发展、与世界接轨等重大战略问题，为打造文化软实力，构建国际一流金融保险集团，实现"国寿梦"，2014年7月24日，中国人寿顺时谋事，以文化凝聚人心，践行党的"十八大"创新驱动发展战略，确立了"诚信我为先"的核心价值理念——表述语"立诚·守信·感恩·致成"，进一步凝练为"双成"——"成己为人，成人达己"的核心理念。

中国人寿新的企业文化具体如下：

企业愿景：建设国际一流金融保险集团

企业精神：特别能吃苦，特别能战斗，特别能协作，特别能奉献，特别守纪律

品牌口号：相知多年，值得托付

广告语：要投就投中国人寿

经营理念：依法合规，创新驱动

服务理念：诚实守信，客户至上

人才理念：以人为本，德才兼备

"双成"核心理念——"成己为人、成人达己"的提出，基于当代经济全球化、文化多元化演进趋势判断展望、知识经济时代人性化管理要求、中国传统文化精粹凝练、"以德治国"方略、中国人寿自身现代企业经验总结等。

"双成"企业文化理念顺应了社会转型和中国人寿国际化竞争战略要求，形成了新文化体系下的普遍共识，公司凝聚力增强，取得良好效果。

仁达方略企业文化重构路径

仁达方略管理咨询公司是国内领先的大型管理研究与咨询机构，国内唯一拥有"企业文化综合诊断与评估系统（CMAS）"的咨询机构，首创性提出"集团文化生态体系"并进行系统构建实施。

仁达方略企业文化重构理论体系涵盖应用企业文化理论、企业文化生态理论、企业文化落地理论、跨文化沟通理论、企业文化融合理论等。企业文化重构类型有战略导向型企业文化、市场导向型企业文化、绩效导向

型企业文化,内容包括愿景与战略、价值观与运营理念、企业伦理与道德、制度与规范、企业形象等五个方面。

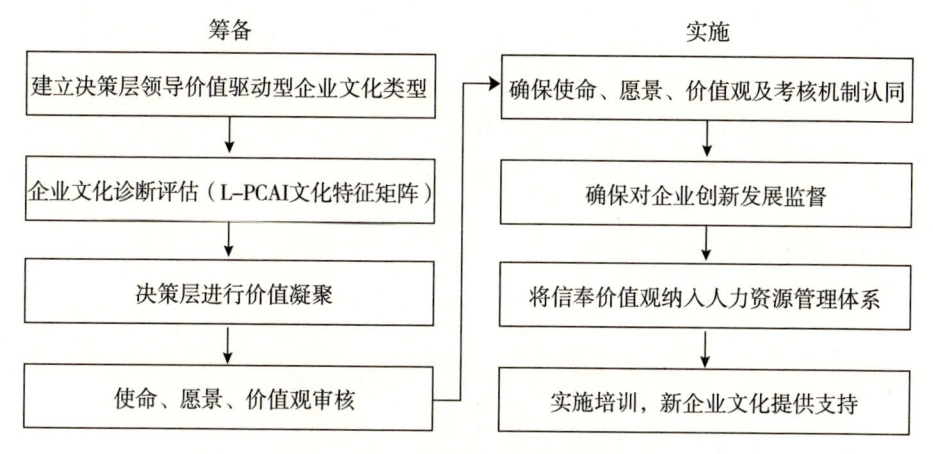

```
筹备                              实施
┌─────────────────────────┐      ┌─────────────────────────────┐
│建立决策层领导价值驱动型企业文化类型│      │确保使命、愿景、价值观及考核机制认同│
└─────────────┬───────────┘   ┌─→└──────────────┬──────────────┘
              ↓               │                 ↓
┌─────────────────────────┐   │  ┌─────────────────────────────┐
│企业文化诊断评估(L-PCAI文化特征矩阵)│   │   │     确保对企业创新发展监督      │
└─────────────┬───────────┘   │  └──────────────┬──────────────┘
              ↓               │                 ↓
┌─────────────────────────┐   │  ┌─────────────────────────────┐
│    决策层进行价值凝聚     │   │  │将信奉价值观纳入人力资源管理体系│
└─────────────┬───────────┘   │  └──────────────┬──────────────┘
              ↓               │                 ↓
┌─────────────────────────┐   │  ┌─────────────────────────────┐
│    使命、愿景、价值观审核  ├───┘  │实施培训,新企业文化提供支持    │
└─────────────────────────┘      └─────────────────────────────┘
```

图 1-1 仁达方略企业文化重构路径

如图 1-1 所示,仁达方略将根据企业文化结构模型,由内向外依次重构价值观、制度与行为规范、形象层。

综上所述,仁达方略的观点认为:企业文化重构将是一项"以人为本"的复杂工程。21 世纪人类和谐共生,不同文明之间相互包容、协作共赢已经成为主流。本土企业文化作为一种组织文化或文化模式,代表着中国式智慧。社会转型特定历史时期,唯有包容、开放、扬弃,与不同国家民族地域文化多元融合,才能获得强大生命力,真正融入世界。

第二章
国企改革

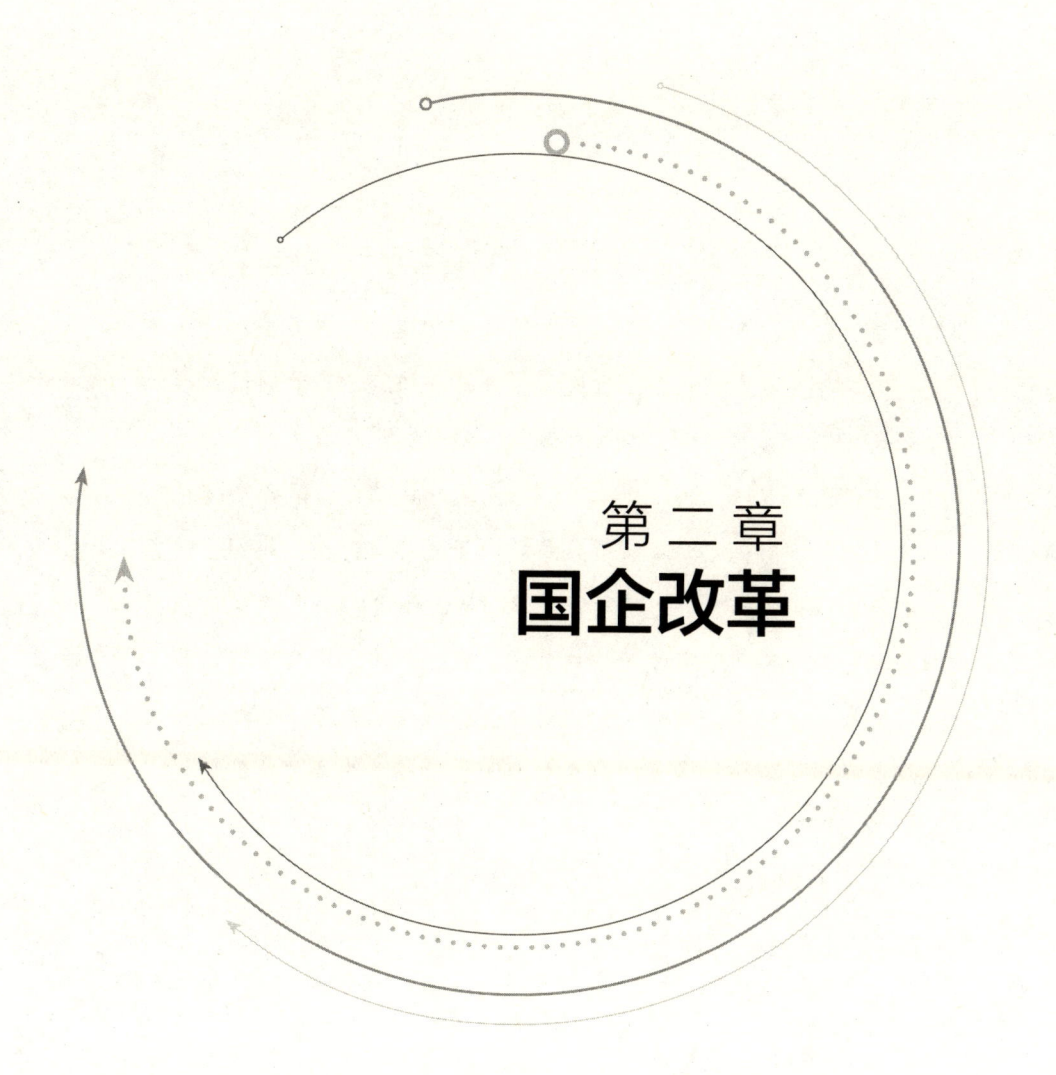

国企是推进国家现代化、保障人民共同利益的重要力量。深化国企改革，是促进经济社会发展的时代要求，也是人民的期盼。只有继续推进国企改革，切实破除体制机制障碍，坚定不移做强、做优、做大，才能实现其肩负的重大历史使命和责任。2015年9月13日，中共中央、国务院《关于深化国有企业改革的指导意见》正式公布，新一轮国企改革大幕正式开启。随着国资改革顶层设计"1+N"政策的相继出台，深化国资改革将成为重头戏，其中，国资管理体制改革、推进混合所有制、完善国企薪酬激励体系、加快国企兼并重组将成为四大改革重点。国企改革首先要解决的问题就是国有企业功能定位，这是新时期深化国有经济改革的逻辑出发点。

第一节　国企改革最大难点是文化转变

中国正处于"二次改革"的推进期，国企改革毫无疑问是"二次改革"的重中之重，此次国企改革会对产权、管理、分配制度等方面进行全方位改革。然而，国企改革，知易行难。既有沉重的历史沿革和强大的发展惯性，又有各种内部存量和增量改革的现实难题。当今世界，文化已经成为一个企业核心竞争力的关键。在现实中，国企集团企业文化建设却面临着诸多尴尬，陷入融合难、执行难、发展难等诸多窘境。

仁达方略国企改革研究发现，尽管未来深化国企改革面临的体制制度制约因素很多，但综合来看，国企改革最大难点还是文化转变，主要是：

中国经过30多年经济社会发展和国有企业改革的洗礼，众多国企集团都已经逐渐建立了自己的企业文化体系，取得了较大成绩，在"三期叠加"新常态改革实践中也面临着如下困境。

困境一：多元文化、市场竞争、企业发展带来文化融合难

不同类型文化与企业文化融合难。随着国有企业自身发展和社会文化进步，国企集团企业文化面临的背景日益复杂化、多元化。经济全球化带来异域文化，中国传统文化、文化环境的变化给企业文化的发展提出了要求，不同类型文化的发展使得企业文化和各种文化之间融合难度加大。

不同企业文化类型融合难。随着集团公司发展，不同类型、具有各种不同企业文化特征的员工在一起共事，难免出现摩擦与不和谐的音符，文

化冲突在所难免。企业兼并重组，许多大型国有集团打造集团企业文化与各子公司、孙公司特色鲜明的企业文化，更多烙上了不同子公司总经理或董事长的痕迹。同一个集团公司被人为割裂，集团公司文化与子公司、孙公司的企业文化不能很好地衔接融合。

员工职业生涯与企业总体目标融合难。国企集团大多只注重投资回报、利润，忽视了员工个人职业生涯发展需求，从而使员工职业生涯与企业总体目标不能够很好地融合。

困境二：制度缺陷、体系不全、诚信缺失，使得文化执行难

国有企业文化建设很多依然停留在有理念而没有制度支撑的阶段，企业所倡导的理念或价值观得不到具有正激励和负激励的制度实体的支持和强化，导致理念是理念，制度是制度的"游离"现象。

很多国企集团中，管理者和员工的工作态度和行为并不是制度所规定或者倡导的那种态度和行为，这在很大程度上是由于制度执行不到位所造成的。

难成体系，缺乏沟通。国有集团公司领导班子都是上级组织任命，往往一任党委书记、董事长或总裁刚刚熟悉企业情况，形成了战略和文化，但因"工作需要"被调离，继任者不能也不可能完全沿袭上任的思路和流程，致使企业文化建设不可避免地出现"断档"。

困境三："理念层面"难以向"行为层面"转化

企业文化是企业信奉和倡导的价值理念，更是企业必须且能够付诸实践的价值理念。国企集团企业文化建设中，由于企业文化价值理念模糊、脱离实际、缺乏广泛参与性和示范动力不足，导致干部员工对理念认知差异，无法用理念来规范自己的行为，普遍缺乏主动参与决策管理的民主氛

围，很少有企业领导身体力行、率先垂范，许多企业虽有很好的价值理念却不能被很好地执行，企业文化可操作性差、实践性不强。

此外，国有企业文化战略执行偏差，诚信缺失。这些年来，国有集团在加强自身伦理建设、树立诚信形象方面虽然已经迈出了重要的第一步，但由于受短期利益驱动的影响，企业伦理观念和诚信意识还远远不够。

由此可见，国企改革最大难点是文化转变。

值得注意的是，无论管理咨询业界领袖还是国有企业改革决策者们都已经清醒地认识到这个现实问题，围绕国企文化重构转变展开了理论研究与大量实践探索。

第二节　混合所有制企业的企业文化重构

混合所有制经济是我国国有企业改革的一种重要方式，也是我国社会主义制度下股份制企业的一种重要形式。党的十八届三中全会指出："积极发展混合所有制经济。国有资本、集体资本、非公有资本等交叉持股、相互融合的混合所有制经济，是基本经济制度的重要实现形式。"2014年7月15日，国资委召开发布会，宣布启动"四项改革"试点并公布试点企业名单，折射出央企新一轮改革已经打响了发令枪。国资委想重点在6个方面对央企混合所有制试点进行探索：一是探索建立混合所有制企业有效制衡、平等保护的治理结构。二是探索职业经理人制度和市场化劳动用工制度。三是探索市场化激励和约束机制。四是探索混合所有制企业员工持股。五是探索对混合所有制企业的有效监管机制。六是探索混合所有制企业党建工作的有效机制。

混合所有制是中国探寻内生动力的关键动作。中国建材集团、中国医药集团这两家集团公司都是处于充分竞争领域的央企，发展业绩和势头都很好。在壮大自己的同时，这两家集团公司积极探索如何发挥国有经济的主导作用，引导非公有制经济健康发展。它们按照市场机制运行的规则，采用市场手段联合私营企业共同发展，以包容性增长方式推动整个产业健康化发展，形成了一个由央企控股、吸收私营企业参加的多元化混合所有制经济体系，用"规范化的公司制+独有的职业经理人制度"的办法，在国有企业主导下，把不同所有制企业融合在一起。中国建材集团近年来联合重组了几百家私营企业，一般在新组建的企业里为私营企业保留了30%的股份，而多数原来的私营企业创业者继续担任新企业的管理者，成为规范治理企业的职业经理人。国有企业不是简单地"吃掉"私营企业，而是把私营企业纳入由国有企业带领下新组建的公司里。这样，一方面，国有企业以少量的国有资本带动了大量的社会资本，极大地扩大了国有资本的支配范围，加强了国有经济的主导作用；另一方面，也给整个行业注入了活力，挽救了行业中许多在国际金融危机冲击下处于困境、濒临破产的私营企业，使私营企业的资产得以保值增值，从而实现了双赢。这是一条既坚持公有制为主体、国有经济为主导，又引导非公有制经济健康发展的新路。

　　混合所有制的成败，不单单在于股权是不是多元化，更关键的因素在于股权多元化之后，该如何很好地融合不同的企业文化。特别是稳健有余、创新不足的央企，怎样在民资引入的过程中，更有效地培育创新文化。近年来，混合所有制企业不断涌现，但文化冲突现象普遍存在，制约企业的发展。因此，混合所有制企业文化的融合与重构势在必行。

　　一般而言，混合所有制企业的前身基本来自国有企业，这其中包括一定数量的央企。其投资主体相当复杂，有国有的、有民营的、有外资的、有职工持股会的；有国有资本是大股东的，也有民营资本是大股东的，还有个体资本联合成为大股东的。混合所有制企业的经营方式也多样化、混合化，诸如混合所有国营、混合所有集体经营、混合所有民营，甚至是混合所有家族式经营等。混合所有制企业文化由民族文化、国外企业文化、大股东文化、原国有企业文化等多元文化组成。

混合所有制企业的文化重构不是某几种所有制形式所体现的文化形态的归纳和拼贴，而是建立在不同所有制结构基础上的共性文化，应站在集团企业的高度和不同投资主体的角度构建文化重构的新体系，形成企业文化引领和推动企业锐意进取的新气象。

中粮集团是央企混合所有制企业文化重构的典型代表。中粮集团自成立之日起，一直是调剂国内粮、油、糖等大宗贸易余缺的主渠道，是参与国家宏观调控的骨干企业。1999年上半年开始，中粮集团对企业进行重组、改制并在香港整体上市，拓宽融资渠道，推进中粮的全球化经营。通过全面的产业整合、架构调整和价值重塑，2005年以来，集团资产规模成倍增长，进入了高速发展的快速路。2009年，面对国内外"新的市场环境和经营形势，中粮集团秉承企业社会责任，开启打造全产业链粮油"食品企业的新篇章。

2009年7月，蒙牛被中粮收编，摇身变成中粮集团"产业链，好产品"中的重要一环，2009年完成对五谷道场的整合之后，2013年年初，本身已严重亏损的华粮整体并入中粮集团。蒙牛、中粮集团在企业使命和愿景上有共通之处，对方的经营理念也相互认同，才得以愉快联姻。但牛根生时代还未完全淡出，中粮集团介入后立即大刀阔斧，民企和央企文化冲突马上暴露。接手五谷道场后，中粮集团仍延续非油炸方便面的概念，只是将"天然"牌改成了"健康"牌，反造成其市场定位更加模糊。而新加入的华粮，在"全产业链"上，又会得到什么样的位置？尽管蒙牛和五谷道场在中粮"全产业链"下表现乏善可陈，华粮物流现状糟糕，但这些只是表面的管理状态，企业文化融合才是对中粮集团最大的挑战。

企业文化重构

中粮集团构建"全产业链"的首要任务在于企业文化的融合和重构。然而现实是中粮集团内部依然残存着浓厚的老派国企遗风遗俗，经理人作风不够市场化，迫于压力，干部队伍不稳定，文化的融合难度异常。中粮集团党组结合中粮的业务实际，将国有企业的政治责任感和中央企业的使命感诠释为"忠于国计，良于民生"的中粮企业精神，提出了"为国尽责、为民造福、为农谋利"的经营方针，始终在国家经济和社会发展的大局中来定位企业自身的坐标，切实履行保障国家粮食和食品安全、稳定国内市场粮油供应、服务"三农"的重要责任。通过倡导"高境界做人，专业化做事"的理念，倡导人性化的管理哲学，有意淡化"官本位"和层级意识，有力地助推企业理念转变为企业战略行动。

通过文化重构，中粮集团文化建设取得了良好成效，在中粮集团的战略转型与"全产业链"建设中发挥着越来越重要的作用，逐步统一了全集团的思维模式、工作方法和语言、形象，使公司有了更高的整体感；人性化的管理给人更多的尊重、信任与认可，使员工队伍有了更强的归属感；营造了轻松愉快、朝气蓬勃的工作氛围，使经理人和员工有了更多的幸福感。全体中粮人凝心聚力投入到"全产业链"建设中，努力践行"产业链，好产品"的郑重承诺。中粮集团旗下的"长城"葡萄酒、"福临门"食用油、"金帝"巧克力、"蒙牛"牛奶、"五谷道场"方便面、"中茶"茶叶、"悦活"果汁、我买网电子商务等众多产品赢得了越来越多消费者的认可和信任，"中粮集团"的品牌形象越来越深入人心。"忠良文化"有力地支撑了中粮产品、品牌的建设和推广。

企业文化作为一种企业人本管理的手段，从意识形态上引导企业人实现个体价值，使不同个体的合力推动企业持续稳定发展。仁达方略认为企业文化是一个长期的动态过程，企业在发展的每一个阶段都需要有适合这个阶段的文化去支撑和推动，应该根据实际情况的变化而进行不断的创新，不断为企业文化建设注入新鲜血液，这样才能保持企业文化的活力，最大限度地发挥企业文化的推动作用。企业文化重构工作意义重大、任重道远，尤其对混合所有制企业的文化重构来讲，它不同于国有、集体或者非公的单一所有制企业的文化建设。混合所有制企业文化重构要结合自身特点进行规划和实施。首先，当务之急需要企业高层领导把文化的有效整合放到一个突出的位置，加以认真对待，既要注意推进企业物质层文化和制度层文化的整合，更要注意推进企业精神层文化的整合；其次，要主动把握改革机遇，通过产权多元、资本经营、股份制等"嫁接"手段，与国内外优秀企业文化元素的直接对接，迅速提升企业文化建设水平，融入国际文化体系；最后，原国有企业要尽快走出保守型的文化建设状态，以积极心态迎接各种新文化，提高文化的兼容、重组、跨文化管理和创新能力。混合所有制企业通过文化重构达成主流文化与亚文化的统一，实现文化信任与管理契约。

第三节 企业改制后的文化重构

当今世界正处于一个不断变革的时代，企业只有常变革才能够"成长"。尤其是社会经济转型逼着国有企业重新审视企业战略、市场定位、业务发展，转换旧机制、转变旧观念，雇佣新员工、开发新市场，变革旧文化、建立新文化。央企是我国全面建设小康社会的重要力量，是中国特色社会主义的重要支柱，是我们党执政的重要经济基础，是增强国有经济活力、控制力、影响力的主要力量，为我国经济的可持续增长提供了稳定可靠、高效有序的基础服务，提供了全社会所需煤炭的70%、所需石油的92%、所需电力的91%，以及铁路运输、航空运输、海洋运输等基础性服务，为实现经济社会的健康发展提供了重要的经济保障、政治保障和社会保障。从国资委负责牵头的 2015 年改革任务来看，国资体系"瘦身"将是一大任务，国企发展模式将从增量发展变为存量组合。目前，国资委共监管 112 家央企，而如果重组为 30~50 家，相当于企业数量将减少六七成。

随着我国经济体制改革的深入，国有企业改制成现代企业制度已成为不可逆转的历史潮流。在国企改革的过程中，作为企业灵魂的企业文化在铸造企业灵魂、塑造企业形象、培育一流员工、促进改革发展等方面的作用日益显著，积极推动了国有企业的改革发展。

我国国有企业在发展过程中形成的企业文化，伴随着国企的发展壮大，初步形成了相对完整的企业文化体系，得到了企业广大干部员工的普遍认可，积累了诸多成功做法和经验。虽然这些企业文化在历史时期起到了相当大的作用，但在企业讲求信誉和效益的今天，它们当中有的已不适宜作为企业的主流文化。目前国有企业变革时期，正处于知识经济和全球经济一体化时代，企业的经营理念已发生很大的变化，更强调企业文化力的开发，通过文化力的作用来推动企业的发展，而企业文化也更强调以人为本、创新观、竞争观、市场观、服务观和时代精神等，所以在新时期，趁着变革时机，国有企业有必要博采众长，吸纳新的适应企业需求的文化要素，融入现代企业制度建设和企业文化建设中，推动企业发展。

企业文化是现代企业制度的灵魂，是维系企业生存与发展的支点，是构建企业组织的重要基因。企业要进行变革，要改造一个企业，首先必须要改造它的灵魂；要重塑一个企业，必须重塑新的文化基因。这也意味着，国企改革和企业文化重构是相辅相成的关系。只有重构与现代企业制度相匹配的企业文化才能从根本上实现国企改革的目标。作为国民经济中流砥柱的国有企业，能否实现企业文化重构，不仅是其改革成功与否的关键，也是其自身在日益激烈的市场竞争中生存发展的需要，更是党和国家所赋予的重大时代使命。

那么，在国有企业变革期如何进行企业文化重构呢？

国有企业改革后对企业文化提出了新的要求，新的发展战略需要新的理念文化支撑。国有企业在经过产权更换、产品结构调整或资源的优化配置后，须构建新的发展战略，确定新的战略目标和战略路径，而新战略目标的确定，需要以公司的使命和愿景的重新定位和明晰为前提；新战略路径的通畅运行，也需要公司制度文化的健全和完善为基础；新的发展战略的有效实施，更需要公司从机构设置、经营方针、运营机制、人才储备、员工观念等多方面进行根本的转变，通过构建新的企业文化，提高经营管理水平来提供保障和动力。因此，国有企业变革期新的战略发生改变了，首先从理念文化上进行重构来与之匹配。

企业的理念文化是企业文化的高度浓缩和概括，它包括使命、愿景、核心价值观、企业精神、经营理念和管理理念等。理念文化的重塑主要是因为国企改革，客观要求确立科学的新型理念与之匹配。以前那些一直阻碍企业发展的不良企业文化，如员工依赖、关注关系、注重当前、追求稳定等，则必须加以纠正或剔除。其中最重要的是具有凝聚、激励和导向作用的核心价值观和企业精神，应赋予新的内涵，满足企业竞争发展的需要。

国企改革中的理念文化重构应坚持以社会主义核心价值体系为指导，确保企业文化建设的先进方向。广大国企坚持以社会主义核心价值体系为指导，确立符合社会主义市场经济规律、符合企业改革发展要求的企业核心价值观，把社会主义核心价值体系的主要内容贯穿到了文化建设的方方面面，保证了国企文化的社会主义特性。企业核心价值观是社会主义核心价值体系在企业的具体体现，目前绝大多数国企特别是中央企业都确立了本企业的核心价值观，如国家电网公司的企业核心价值观是"诚信、责任、创新、奉献"。

作为全球电网覆盖面积最大、员工人数最多的最大公用事业单位，国家电网公司的发展，一端呼应中国经济命脉的战略走向，一端紧握着百姓民生保障的安全。随着坚强智能电网的快速发展和企业管理手段的不断进步，唯有突破原有管理模式，才能让企业更好发展。对国家电网公司而言，这是一次空前的变革，通过建设"三集五大"体系，地域、层级壁垒被打破，业务关系不断优化整合，推行通用制度和统一标准，最终建立起集约化、扁平化、专业化的电网业务运营新模式。变革会有风险，也创造着机遇。面对变革，国家电网公司提出建设和弘扬统一的企业文化，明确了企业文化"五统一"要求（统一价值理念、统一发展战略、统一企业标准、统一行为规范、统一公司品牌）。

国家电网公司经营业务联系各行各业，服务千家万户，社会关注度高、影响力大，在培育和践行社会主义核心价值观中发挥着重要的示范带动作用。国家电网公司坚持把社会主义核心价值体系融入思想政治工作、企业文化和队伍建设之中，大力弘扬"努力超越，追求卓越"的"两越"精神，使之真正成为干部员工的普遍共识、自觉行动和精神力量，通过企业文化"五统一"，坚持经济行为与价值导向相统一，经济效益与社会效益相统一，确立了公司的奋斗目标、价值追求和精神境界，以强烈的责任意识和担当精神，推动企业改革发展，为经济社会发展提供更安全、更高效、更清洁、更友好的电力服务。

第三章
企业变革

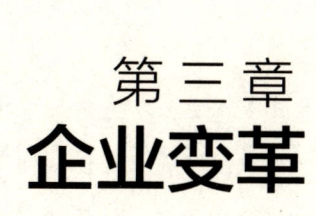

通用电气 CEO（首席执行官）杰克·韦尔奇曾说过："世界在不断变化，我们也必须不断变革，我们拥有的最大力量就是认识自己命运的能力，认清形势、认清市场和顾客、认清自我，从而改变自我，掌握命运。"——企业变革的核心是创新，而创新的成功来自于变革管理。

企业变革源于全球竞争的环境，源于领导自身变革模型的影响。企业组织成长缓慢，内部问题层出不穷，外部经营环境变化（全球竞争、环境保护主义、政府管制、机器人在产业链中突出作用、太空技术等高科技高速发展），企业面临生存困境，都无不要求企业与周围环境相适应。

有这样一句话：变革可能失败，但不变肯定失败。

"变"是：适者生存，物竞天择。

"变"是：理所当然，情势所迫。

第一节　环境变了，你的企业文化变革了吗

在这个风云变幻的变革时代，全球的经济逐步实现一体化，使得市场竞争更加残酷，企业只有不断地变革创新，逐渐地适应外部加剧变化的环境，才能够生存，才能获取竞争优势。因此，企业文化的变革势在必行，否则就会被风卷残云般淘汰出局。

近日，在接受《财富》杂志采访时，微软董事会成员汤普森谈到了企业文化的重要性，他认为，所有企业的领导者都要面对两个重要的问题：随着企业的发展，对于市场、资源配置和资金分配问题，管理体系能否达到更大规模企业的要求，企业文化是否也能随之变化。在采访中，他提出Windows（微软公司开发的操作系统）的垄断地位已经被动摇，因此必须改变或重新构思管理体系和企业文化。

当一个组织的文化环境改变后，即便是企业的运营轨迹表面正常，文化特质也需要进行相应的改变。笔者曾遇到过这样的一个真实案例，某省的一家国有大型上市公司Y公司特聘仁达方略为其做管理咨询，团队进驻Y公司做前期调研，出于职业敏感，觉得这个企业特别奇怪，而怪在哪儿一下子又说不出来，因为企业的业务运营看起来一切正常，所以判断可能是企业文化出了问题。后来在一步步抽丝剥茧的管理调研中，真相浮出水面，原来这个企业最初成立于金沙江畔的山沟里，所有的员工都是在这个环境中慢慢成长起来的，在这种文化背景下Y公司发展得很好，后来政府将Y公司重组为一个大集团，将市区的A公司、B公司、C公司划拨为Y

公司的子公司，总公司也就搬迁到市区。这时，问题出现了，老的 Y 公司总是看着重组进来的市区的 A、B、C 公司别扭，这不对那不顺眼的，而 A、B、C 公司也对总公司有抵触情绪。以 Y 公司财务预算体系为例，此预算体系一出台就遭到 A、B、C 公司的一致反对，Y 公司对此很恼火又很纳闷，为什么在老的企业就能令行禁止，这里就行不通？后来项目组仔细分析了那套预算体系，不禁哑然失笑，原来这套预算体系还是典型的原来在山沟里的那一套管理模式，思维方式还停留在解决人员吃喝问题。市区成长起来的 A、B、C 公司显然无法认可此文化支撑下的财务预算体系。

　　Y 公司在经历了创立期、成长期进入成熟期后，生存的压力显得不那么紧迫了，Y 公司在企业的人员结构、市场竞争格局中进入了相对稳定的阶段，这种稳定现状很容易使企业内部一部分员工按部就班地工作，想当然地认为"企业现在这种良好形势会一直保持下去，只要我们做好本职工作，企业就能长盛不衰"。这是典型的路径依赖，若任由这种思维在企业内部蔓延，就会演变成不思进取的企业文化，将会使企业失去活力，逐渐走向僵化。而企业前期所创造的惯性生存优势只是暂时的现象，一旦企业的生存、发展环境产生变化，后果将不堪设想。

　　企业文化的变革，迫在眉睫！

　　企业文化的变革是一个系统、全面的工作，不是全盘否定过去，而是要大胆地抛弃原有的已经阻滞企业发展的文化，这需要外部环境的压力，以及内在的认知——主动求变。

　　那么，企业文化究竟要如何变革？

　　破除一切阻碍文化变革的阻力。阻碍文化变革的力量通常不外乎以下几类：群体惯性、分配阻力、已有权利关系、结构惯性、专业知识等，要想获得企业文化变革的成功，首先要冲破种种阻力，扫清各种障碍。

　　思维变革。优秀的企业文化不是一句响亮的口号、几个显眼的标题，或者一些文采飞扬的美文，而是持之以恒的践行精神。做企业最佳的行为应该是不断尝试变革和创新，遵守优胜劣汰的自然法则，随时调整战略方向。

管理变革。真正优秀的企业文化不只需要一个高瞻远瞩、事必躬亲的领导者，更重要的是需要管理层专心致志地为企业构筑一个良好的管理机制。正所谓"栽好梧桐树，引来金凤凰"，企业领导者应该懂得充分授权和正确控权，最大化地发挥人力资源的效用。良好的机制是选好人才、培育人才、用好人才、留住人才的根本。这才能真正支持企业做强、做大、做久。

利益观变革。做企业文化不应该只是以追求利润最大化为首要目标，赚钱只是目标之一，而不是全部和唯一。当你想成为行业第一，真正为股东、客户、员工创造价值而奋斗的时候，你离"伟大"这两个字就不远了。

学习观变革。创建"学习型组织"在新世纪伊始被许多企业家炒得很热，但有哪几个企业真正做到了？"永续的学习能力"在信息爆炸、知识超速更新的今天，越来越被更多的人所重视，不接受新的知识技能，不学习新的管理手段，不了解最新动态，将被认为是"顽固的恐龙"。没有有效的"培训体系"是"学习型组织"无法推行的原因，企业家们都怕员工学了知识"翅膀硬了"远走高飞，付出的学习投资无法获得收益，但实际上建立培训体系正是约束并激励员工的重要手段之一。

通用电气前总裁杰克·韦尔奇说过，如果你想让车速再快10千米，只需要加一加马力；而若想使车速增加一倍，你就必须要更换铁轨了。资产重组可以一时提高公司的生产力，但若没有文化上的改变，就无法维持高生产力的发展。

大凡急功近利过分追求短期利益的企业，生命周期都比较短，而那些志存高远注重追求长远利益的企业，大都实现了基业长青。

第二节 企业成长周期与文化重构

企业是一个有生命力的有机体，成长与发展是企业所追求的永恒主题。任何一个企业从其诞生的那一刻起，就有追求成长与发展的内在动力。企业在成长过程中都会经历具有不同特点的若干发展阶段，这要求企业在各个方面不断地进行变革与之相适应，尤其是企业文化建设。企业文化能否适应企业成长周期（初创期、成长期、成熟期和卓越期）各阶段的特点，直接关系到整个企业的管理效率能否提高、经营业绩能否实现、核心竞争能力能否形成。只有适应企业成长周期各阶段的企业文化建设才能促进企业健康持续的成长与发展。除了初创期企业文化是刚建立外，其他三个时期的企业文化应随着企业成长周期的各个时期的变化而发生变化，即进行企业文化重构。

企业文化重构是指由于企业内外环境发生改变所引起的企业文化整体结构的变化，从而建立一种全新的文化，以代替过去曾经引导公司走向成功，但现在很难满足公司成长需要，并且越往后越会阻碍公司发展的旧文化。企业文化重构实质上是一个以新的思想观念及行为方式战胜旧的思想观念及行为方式的过程。

企业文化是一个动态的发展过程，企业在发展的每一个阶段都需要有适合这个阶段的文化去支撑和推动，应该根据实际情况的变化而进行不断地创新，不断为企业文化建设注入新鲜血液，这样才能保持企业文化的活力，最大限度地发挥企业文化的推动作用。因此，企业文化要适应企业成长周期，在不同的时期进行企业文化重构。

在初创期，企业面临着实力弱小的主要矛盾。探索型文化提倡谨慎的资本管理和大胆开拓的竞争策略,其特征为考虑风险和利益之间的转换,明确企业该在何处行动,乐于接受改变,敢于创新,因此适宜实力弱小的初创企业进行有限的资本投入和大量的新市场开拓。同时,探索型文化强调考虑风险,提倡通过谨慎的探索避免企业落入各种陷阱,其善变的性格也适宜于企业灵活应对市场风险。

在成长期,企业实力获得了长足增长,市场份额不断增加,但竞争对手环伺周围,一着不慎,很容易导致企业夭折。此时企业的增长速度超过了企业创业者能力的提升速度,企业管理水平低下成为主要矛盾。低下的管理水平常常导致企业决策者连出昏招,一方面在市场开拓上节节败退,另一方面常常落入多元化陷阱或盲目扩张。此阶段适用进攻型文化。进攻型文化强调拼搏和进攻精神,采取"简单至上",以变制变,持续出招,而且以速度制胜,一跃争先,力求在进攻中取胜。另外,进攻型文化也提倡稳健,强调企业的有序发展,反对盲目进攻,避免企业头脑发热盲目投资。

在成熟期,企业资金充裕,管理水平日渐成熟,企业运转自如。但是由于企业制度的完善、企业领导人的小富即安、技术人员的保守等原因,企业通常患有"大企业病",管理严重僵化。同时,由于长时间失去创新而得不到改善,因此产品和技术严重过时,失去了竞争力。企业的创新精神逐渐消失。此时,变革型文化是解决这一主要矛盾的最佳选择。变革型文化强调打破现有格局,推崇技术创新和思想创新,改革原有制度和等级观念。通过变革型文化的整合,成熟期常常能够重唤生机和活力。

在卓越期,卓越企业文化是实施卓越管理的基石、保障和推动力,并造就卓越企业。在此阶段的企业文化将产生"文化生产力",适用蜕变型文化。蜕变型文化强调大刀阔斧地对企业精神层、制度层、行为层和物质层的改革,通过剔除企业旧的躯体上的弊端,保留合理先进的成分,塑造一个全新的企业。

联想集团在企业成长过程中进行了不同时期的企业文化重构。从创业之初到企业发展再到企业转型等不同阶段，联想文化呈现出不同的导向，并遵循着一种螺旋式的上升路径，推动着企业的发展：联想以竞争性文化价值模型为基础，以"对内—对外"和"控制—自主"为两个维度，这两个维度划分出四个象限，每一个象限代表一种文化导向，因而有了目标导向、规则导向、支持导向和创新导向四种文化导向，与联想在不同发展期中积累形成的核心价值观"服务客户、精准求实、诚信共享、创业创新"相对应。

创业初期（目标导向——服务文化），求生存的阶段，联想主要通过代理、服务等手段积累资金，以服务客户为目标导向。联想提出了"质量是生命，客户就是皇后""不看过程看结果，不看苦劳看功劳"等理念。

1996—1998年（规则导向——严格文化），联想的目标转移为"求发展、求规模、求效益"，要加强打造核心竞争力的力度，因而急需要对内部进行规范化管理。为适应发展的需要，联想提出了"认真、严格、主动、高效"的严格文化，对管理进一步规范化。

1999—2000年（支持导向——亲情文化），企业的规模又扩大了，需要引入与时代同步的新人，新人自然会需要具时代气息的企业文化。于是联想提出"平等、信任、欣赏、亲情"为主题的亲情文化。在企业之中营造亲情的氛围，从意识上倡导，从实际中改变。细节往往能体现一个企业的态度和风格，联想实行了"无'总'称谓"。规范的管理通过亲情文化协调，增加了企业的向心力、凝聚力，使企业能力得到了提升。

2001年至今（创新导向——创新文化），随着联想企业的壮大，不断进入的新人在思想上有所不同，企业文化要成为他们的共识需要创新。同时，由于联想战略转变，在过去产品业务的基础上又发展服务业务，没有做过的业务也需要创新。在新时期、新格局中，创新文化的提出不仅使得联想获得了竞争优势，更保住了其领先位置。2003—2004 年的更名"Lenovo"更将创新精神深入联想。

企业与生物体一样都遵循"成长周期"的规律，经历一个出生、成长、成熟，直至卓越的生命历程。企业文化是一个动态的发展过程，它不是一成不变的，是可以塑造、改变与创新的。企业文化重构是一项全面而系统的工作。文化问题不会自行得到解决，仅仅实施零星的不系统的努力，并不足以支持一个全面的、长久的文化重构。文化重构需要时间、耐心和不懈的努力。仁达方略管理咨询公司在企业文化重构方面有着丰富的经验，在客户原有文化的基础上，根据外部社会经济环境与企业内部自身发展变化系统地科学评估，进行企业文化理念体系的重构、企业文化行为体系的重构、企业形象的重构和新的企业文化的宣贯和落地。仁达方略通过对企业进行文化重构，为处于特定成长阶段的企业构建一种与其相匹配的企业文化，使企业可以从文化管理的角度找到一个相对较优的建设模式来保持企业的发展能力，进而延长企业的成长周期，帮助企业实现自身的可持续发展，在激烈的竞争中立于不败之地。

第三节　企业低迷期的文化重构

目前，美国和欧洲经济的低速增长（美国经济增长率为 2%，欧洲为 0.3%）正在影响发展中国家，中国的经济增速已从 10% 降至 8%，金砖四国中其他成员（巴西、俄罗斯和印度）的经济增速也从 8% 降到了 5%。2015 年上半年，中国宏观经济总体上处于趋势性的回落和周期性下滑的阶段，各类宏观总体指标下滑较为明显。中国央行货币政策委员会委员、中国经济体制改革委员会副会长樊纲表示，中国经济正在经历痛苦的调整期，经济过于低迷，表现就是通货紧缩。这样说的原因主要有三个：一是最新的数据很差，增长速度继续趋于下滑，投资也是一度下滑，出口又是负增长。从目前来看，这个下滑或将持续，或将低位徘徊。二是虽然中国最新的通货膨胀率依然为正值1.4%，但按照各国2%的目标，低于2%就属于通货紧缩状态。三是中国的生产者价格指数已经是41个月负增长。

中国已经进入了后工业化时代，企业利润空间快速收缩，工业领域的通货紧缩问题向深层次迈进。与此同时，在总需求不足、国际大宗商品价格下滑以及内生性收缩等因素的作用下，工业品出厂价格指数持续走低，CPI持续回落，远远低于目标价格水平，这表明与全社会最终商品及服务相对应的总体价格水平已经进入通缩状态。

经济低迷期，企业要做的是从自己的"软件"着手，加强品牌、企业文化建设才能稳固发展，在经济危机过后大放异彩。在低迷期，企业只有找到正确的方法才能走出困境，企业要重新审视自己，重建信心，把企业文化当成长期战略，让文化反哺企业、反哺品牌、反哺员工。

在经济低迷期，企业文化重构是企业灵活应变能力及竞争实力的集中体现，它代表的是创新的思维、宽广的胸怀和广阔的视野，是企业在恶劣环境中逆风飞扬的基础和关键。海航集团就是在经济低迷期进行文化重构，能够顺时应势、迅速适应变化，紧贴变化调整自身策略的企业，从而在竞争中拔得头筹。

海航集团于2000年1月经国家工商局批准组建，是一家以航空旅游、现代物流和现代金融服务为三大支柱产业的现代服务业综合运营商，产业覆盖航空、物流、金融、旅游、实业、基础设施、装备制造和其他相关产业。海航创业至今，持之以恒地致力于文化建设，打造以中华传统文化精粹为内涵、面向世界、面向未来的思想文化体系，致力于新时代条件下的文化融合。

1992—1999 年，这是海航文化的奠基时期。这个时期可称为航空文化。海航创业者组建公司，推动改制，开创了海南航空事业的新纪元。早在筹建之初的 1992 年，海航创业者就编写了《企业文化建设纲要（草案）》，提出"凝聚、奉献、腾飞"的创业精神。1994 年，海航制定《企业文化建设大纲》，提出建立"至诚、至善、至精、至美"的企业宗旨。1998 年，推出《管理研究》《原本大学微言》《培养你身边的领导人才》等企业文化书籍，并正式向社会发布 CI（企业形象识别）系统，着力巩固海航文化之本。

2000—2010 年，这是海航文化的发展时期。这个时期可称为集团文化。2000 年元旦，海航抓住国家要求组建大型企业集团的契机，组建海航集团，提出"3、7、9 战略"。2000 年，南怀瑾受邀主持议定《海航同人共勉十条》，为海航文化的进一步丰富奠定了基础。2003 年，海航提出深入开展"诚信、业绩、创新"管理理念变革。2009 年，海航颁布了《海航同人守则》，明确提出了"爱党爱国、举业为民、感恩社会、和谐发展"的宗旨，强调海航文化体系以"诚信为基、创新为本、至诚奉献、强力执行、勇担道义"为核心。

2011 年 5 月 20 日，海南航空公布了《海南航空股份有限公司公开发行公司债券募集说明书》，截至 2010 年年末，海航集团净资产 99 亿元，对外担保余额 116.80 亿元，占海航集团净资产的 105.62%。海航集团拥有千亿元资产，但扣除无形资产和商誉后，海航的净资产实际为 49 亿元，而对外担保余额则高达 116.80 亿元。海航集团的财务杠杆如此之高，公司面临的风险将是巨大的，一旦全球经济陷入低迷期，不但企业盈利下降影响现金流，同时由于 A 股下跌，股权质押重估贷款额将骤减，而海外生意伙伴加紧逼债的话，企业将面临生死存亡的考验。在这样的情况下，海航开启了企业文化重构之路。

2011年至今，这是海航集团的升华时期。海航集团以世界转型和中国和平发展的深入为背景，实施"走出去"战略，其事业迅速向全球发展，归口管理境外企业达130余家。随着海航集团世界级企业、世界级品牌战略目标的初步实现，海航集团事业的全球视野得到进一步锤炼，与此同时，海航文化也走出国门，走向全球化。海航集团提出了五年内成长为世界级卓越企业的目标，以此为基础，海航集团提出了新时代的文化畅想，这就是2011年年初颁布推行的《"海航精神"价值体系》。通过文化重构，海航集团始终坚信自己的信念，将东方文化与国际服务标准相融合，与海航集团文化在精神层面形成价值共鸣，主动承担起传播中华文化的重任。海航集团近乎苛刻的服务意识结出了硕果，2011年1月，海航集团下属海南航空被评为世界七家"五星级航空公司"之一，实现了创造中华民族世界级航空品牌的梦想，为海航集团打造世界级卓越企业奠定了坚实的基础。

企业文化重构往往发生在企业内外环境出现重大变化和转折时期，环境的变化成为企业文化重构的推动力。当前中国经济长期发展面临诸多挑战，包括世界泡沫破裂、国际市场增长放缓、新兴市场严重下滑、国内劳动力成本上升、环境恶化等问题。当前中国经济处于周期性低迷，这种环境也是一些企业进行企业文化重构的因素之一。

企业文化重塑不是在旧文化中简单地加入新文化，而是一种文化再造、创新。当企业意识到原有的文化模式已经阻碍企业适应变化而获得新的成功发展时，毫无疑问会实施文化重构战略。而要在经济低迷期变身成为可持续发展的企业，在日常经营管理过程中，要既注重"硬实力"的建设，使企业更加强大；又要通过"软实力"企业文化重构的打造，让企业有良好的品牌和口碑，让外界尊敬，让员工忠诚和引以为豪；通过文化重构和消费者导向意识的打造，使企业贴近市场，良性发展。只有这样的企业，才能在经济低迷期安然渡过各种危机，在未来的道路上跑得更快、跑得更稳！

第四节　企业走出去后，如何进行文化重构

近年来，伴随我国改革开放步伐的不断加快，国内众多企业凭借自身竞争实力不断增强的优势，纷纷踏出国门，实行"走出去"战略。中国企业的国际化步伐正在加快，各行各业都在全球市场布局，寻找机会，中国企业国际化正在进入"新常态"。截至2014年年底，国资委监管的110余家央企中已有107家在境外共设立8515家分支机构，分布在全球150多个国家和地区，其中80多家央企已在"一带一路"沿线国家设立分支机构。中国企业走出去参与世界产业分工与布局，既是经济发展的必然结果，也是我国产能转移与资源供应的必然要求。

但纵观我国企业的发展历程，目前国内企业"走出去"的形势仍非常严峻：随着经济全球化的不断深入，全球经济格局深度调整，国际竞争更趋激烈；发达经济体经济运行分化加剧，发展中经济体增长放缓，世界经济复苏步伐一波三折，经济发展的不确定性大大增加。仍有较多的国际国内因素制约企业进一步"走"的质量，影响企业"出"的效果，具体表现为：国际化水平欠佳，"走出去"实力受制约。我们以战略目标水平为视角，中国企业的国际化战略总体处于年轻时期，许多企业欠缺对外投资的长期发展战略，因此"走出去"的实施效果也往往不够理想。以国际化治理水平为视角，中国本土企业总体上仍缺乏大型投资管理和大型资本运作管理等方面的经验，而在国际市场竞争环境中，一般只按本土化模式参与经营，因此对国际市场变化做出的反应也相对滞后。如何适应国际环境的

变化以顺应企业的国际化发展趋势，成为企业发展的决定性因素，相应地企业需要国际化的企业文化作为支撑，这也意味着之前在国内设计的企业文化要与国际文化融合，进行企业文化重构。

文化作为一种"软权力"，已成为各国核心竞争力的重要方面和一个国家综合国力的象征。在全球化的大背景下，世界日益成为一个紧密联系的整体，各国都不可能杜绝与他国的联系，在独立和隔绝中发展和生存。多种文化体系的碰撞、交流和融合成为世界文化领域最显著的现象。尤其是在无线互联网迅猛发展，将世界各地无缝链接之后，各国文化的交流和碰撞变得更加直接和迅速。在中国企业"走出去"的国际化进程中，企业需要调研的并不仅仅是市场需求，需要调整的并不仅仅是发展战略，需要重塑的并不仅仅是企业形象，还有一个易被人忽略而又异常关键的因素需要重点考虑，这就是企业文化的重构。

企业文化重构，顾名思义就是重新构建企业新的文化体系，企业文化重构不是在旧文化中简单地加入新文化，而是一种文化再造、创新。在这种文化变革当中，由利益格局调整带来的思想变化，必然会在企业文化重构过程中表现出来。

企业"走出去"后，为什么要进行文化重构？这是因为在全球经济一体化的进程中，越来越多的企业跨出国门，参与到别国的市场竞争中。在决定向国外市场提供产品和服务时，必须充分考虑到本国文化与当地文化之间的差异。对一国文化的理解，将影响跨国经营战略中对市场领域的选择。毕竟企业成立之初只能受到某一国家或地区的影响而形成其初始价值观，但世界各国各民族却都拥有各自的文化，若毫无改良直接搬运过来，很难做到与当地的文化相融，难免会得到"南橘北枳"的结果。

作为央企，中国石化集团公司于2009年颁布了《中国石油化工集团公司企业文化建设纲要》，提出了"发展企业、贡献国家、回报股东、服务社会、造福员工"的企业宗旨,"建设具有较强国际竞争力的跨国能源化工公司"的企业愿景,"爱我中华、振兴石化"的企业精神,"精细严谨、务实创新"的企业作风和"诚信规范、合作共赢"的经营理念。在当时并没有考虑国际化和走出去的因素,"爱我中华、振兴石化"的企业精神得到大家的认同。但随着中国石化走出去,收购一些外资企业,外籍员工对"爱我中华、振兴石化"的企业精神却不认同:我不是你们国籍,为什么要"爱我中华"?可见,国别文化的差异引发了企业文化的冲突和摩擦。

2011年以来,中国石化集团公司提出了"建设人民满意、世界一流能源化工公司"的发展目标,新增加了差异化和绿色低碳两个战略,确定了市场化运营、专业化发展等发展模式。同时,国资委也要求中央企业以"企业使命、企业愿景和核心价值观"为内核塑造企业文化,增强企业文化对企业战略的匹配能力。

2014年8月8日,中国石化正式颁布了新版企业文化建设纲要——《中国石油化工集团公司企业文化建设纲要(2014年修订版)》(以下简称新《纲要》),确立了"为美好生活加油"的企业使命,"建设成为人民满意、世界一流能源化工公司"的企业愿景,"人本、责任、诚信、精细、创新、共赢"的企业核心价值观。新《纲要》的颁布,是推进企业文化建设的重要举措,为中国石化广大干部员工打造世界一流企业提供了共同的价值遵循和行为指南,为公司品牌和企业形象筑牢了内在根基,为集团公司建设人民满意、世界一流能源化工公司提供了强有力的精神动力和文化支撑。

企业"走出去"后,如何进行文化重构?企业究竟需要的是怎样的变革?是毫无保留地被当地文化同化,还是逐步进行本土价值观植入?

仁达方略认为企业走出去后,在跨国经营中,企业对母国文化与当地文化的关系处理上，应考虑以下几方面问题。

母国文化主导型：全球所有子公司，均以母国文化为最高原则，不考虑这种文化在当地的被认同程度。缺点是文化沟通不足，成为企业在当地发展的障碍。

当地文化主导型：根据当地文化的主流特征，因地制宜地顺应当地文化，缺点是整个公司的管理不统一，易造成管理混乱。

文化合作型：对文化差异较大的国家，总公司的主要任务就是与当地办事处加强合作和沟通，尽量减少管理上的混乱。

文化融合创新型：承认不同的国家和地区的民族利益不同、文化价值观也不同的现实，主动了解、把握当地人们的思想观念和问题，从而有效地管理它而不是消除它。

世界是平的。在经济全球化、竞争国际化和科技迅猛发展的今天，中国企业（尤其是央企）"走出去"，必须积极汲取国外企业优秀文化素养，融入国际文化体系。在企业文化重构中，协调好母国文化与当地文化的关系，对企业的跨文化经营管理有着巨大的推进作用。只有占领了企业文化建设的制高点，才能取得市场竞争的制胜点。

第五节 案例研究：中石化走出去文化重构

中国石油化工集团公司（Sinopec Group）是1998年7月国家在原中国石油化工总公司基础上重组成立的特大型石油石化企业集团，是国家独资设立的国有公司、国家授权投资的机构和国家控股公司。公司注册资本2316亿元，董事长为法定代表人，总部设在北京。

公司对其全资企业、控股企业、参股企业的有关国有资产行使资产受益、重大决策和选择管理者等出资人的权力，对国有资产依法进行经营、管理和监督，并相应承担保值增值责任。公司控股的中国石油化工股份有限公司先后于2000年10月和2001年8月在境外、境内发行H股和A股，并分别在中国香港、纽约、伦敦和上海上市。

公司主营业务范围包括：实业投资及投资管理；石油、天然气的勘探、开采、储运（含管道运输）、销售和综合利用；煤炭生产、销售、储存、运输；石油炼制；成品油储存、运输、批发和零售；石油化工、天然气化工、煤化工及其他化工产品的生产、销售、储存、运输；新能源、地热等能源产品的生产、销售、储存、运输；石油石化工程的勘探、设计、咨询、施工、安装；石油石化设备检修、维修；机电设备研发、制造与销售；电力、蒸汽、水务和工业气体的生产销售；技术、电子商务及信息、替代能源产品的研究、开发、应用、咨询服务；自营和代理有关商品和技术的进出口；对外工程承包、招标采购、劳务输出；国际化仓储与物流业务等。

中国石油化工集团公司在2015年《财富》世界500强企业中排名第2位。

中国石油化工集团公司在发展过程中，企业文化也经历了修改、完善和提升，其中最有影响的是旧纲要和新纲要的两次发布。

中国石化企业文化起源于20世纪60年代石油大会战时期所形成的大庆精神、铁人精神及其所蕴含的"三老四严"的作风、大庆"两论"起家的基本功、"为国争光、为民争气"的爱国主义精神和"自力更生、奋发图强"的革命精神。

1983年7月，中国石化总公司成立。中国石化人在总结石油石化战线长期形成的光荣传统的基础上，叫响了"爱我中华、振兴石化"的口号，郑重宣示了公司使命和奋斗目标，"爱我中华、振兴石化"也成为中国石化企业精神的象征。

1998年重组后，中国石油化工集团公司正式成立。2000年，中国石油化工股份有限公司在境内外四地上市。为适应上市要求及企业文化与国际接轨的需要，中国石化企业文化在秉承"爱我中华、振兴石化"精神的基础上，进一步完善创新，提出了"竞争、开放"的经营理念，"拓展市场、扩大资源、降本增效"的经营战略，"公司利润最大化、股东回报最大化"的经营宗旨。

2005年8月，国务院国资委提出了"文化兴企，产业报国"的战略方针。中国石化集团公司党组于2009年颁布了《中国石油化工集团公司企业文化建设纲要》，提出了"发展企业、贡献国家、回报股东、服务社会、造福员工"的企业宗旨，"建设具有较强国际竞争力的跨国能源化工公司"的企业愿景，"爱我中华、振兴石化"的企业精神，"精细严谨、务实创新"的企业作风和"诚信规范、合作共赢"的经营理念。中国石油化工集团公司在继承石油石化优良传统和作风的基础上，积极吸收借鉴国内外现代管理和企业文化的优秀成果，不断深化公司企业文化建设，努力营造积极向上、和谐融洽、艰苦奋斗、无私奉献的良好氛围，为推进企业科学发展提供强大的精神动力。

2009年11月，中国石化集团公司首次制定颁布了《中国石油化工集团公司企业文化建设纲要》，系统提出了集团公司核心价值理念体系，规划了公司企业文化建设，在凝聚员工共识、引领企业发展、塑造企业形象等方面发挥了重要作用。

2011年以来，中国石化集团公司新一届党组深入学习贯彻党的十八大、十八届三中全会精神，提出了"建设人民满意、世界一流能源化工公司"的发展目标，新增加了差异化和绿色低碳两个战略，确定了市场化运营、专业化发展等发展模式。同时，国资委也要求中央企业以"企业使命、企业愿景和核心价值观"为内核塑造企业文化，增强企业文化对企业战略的匹配能力。为此，经过一年多的调研、修订和完善，党组在2009年

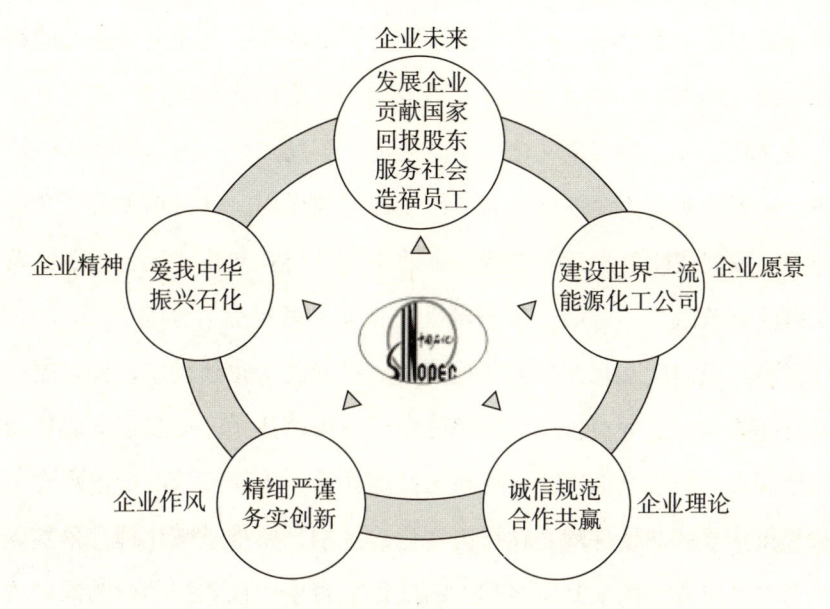

图 3-1 《中国石油化工集团公司企业文化建设纲要》

资料来源：仁达方略企业文化事业部，该纲要于 2009 年 11 月颁布

版企业文化建设纲要的基础上，组织修订完成并正式发布 2014 年版企业文化建设纲要，确立了"为美好生活加油"的企业使命、"建设成为人民满意、世界一流能源化工公司"的企业愿景和"人本、责任、诚信、精细、创新、共赢"的核心价值观。

2014 年 8 月 8 日，中国石化正式颁布了新版企业文化建设纲要——《中国石油化工集团公司企业文化建设纲要（2014 年修订版）》（以下简称新《纲要》），确立了"为美好生活加油"的企业使命，"建设成为人民满意、世界一流能源化工公司"的企业愿景，"人本、责任、诚信、精细、创新、共赢"的企业核心价值观。

新《纲要》重点对原有核心价值理念进行了完善和升级，提出了新的核心价值理念体系，其核心是"报国为民，造福人类"。新《纲要》内容分为四部分，分别是：持续推进企业文化建设的重要意义；企业文化建设的指导思想和基本原则；企业文化建设的主要任务；企业文化建设的组织实施。新《纲要》新增了专项文化建设内容，提出将分阶段、有重点地推进专项文化建设，如安全文化、环保文化、质量文化、法制文化、廉洁文化等，确保企业文化对各项业务工作发挥引领作用。这更加突出了企业文化与公司发展战略的配合与支持，有助于促进企业文化建设与企业经营管理实践的有效融合，有助于进一步提高企业的基础管理水平。新《纲要》还强调要推进制度文化和行为文化建设。在制度文化建设中，要依据新理念修订完善公司业务流程、规章制度和行为规范体系，逐步建立起体现核心价值理念、覆盖全面、流程清晰的制度体系，为保障核心价值理念落地生根提供重要的制度保障；在行为文化建设中，要推进文化理念落实到生产经营的全过程，落实到每名员工的岗位职责中，以共同的行为准则规范全体员工行为，确保核心价值理念变成石化百万干部员工的自觉行为。

第四章
互联网冲击

互联网在中国社会的发展速度惊人。曾经长期封闭的中国社会，人们的交往主要是通过面对面的方式实现的，因为跨空间的人际交流手段极为有限。而今天，互联网的出现，真正改变了中国人的社会交往方式。接近14亿中国人所组成的"人口超巨型社会"一旦有了共同的互联网平台，其"社会参与力"或"社会参与度"会令人们极为震惊。各种各样的网络参与，包括网上购物、网络销售、网络水军、网络运动等所造成的社会影响是史无前例的。互联网起源于西方，与西方社会的"个体主义"文化有着内在的契合性，传入中国后，对中国传统文化、传统社会关系的冲击是根本性的。从某种意义上说，互联网正在重新塑造中国文化，中国文化也在构建具有中国特色的互联网结构。互联网在推进社会进步的同时，也受到现实社会的限制，形成虚拟社会与现实社会的互构，这种新的社会互动推动中国社会走向未来。

第一节　互联网对社会和企业的影响

李克强总理在2015年两会上首次提出要制定"互联网+"的行动计划，推动移动互联网、云计算、大数据、物联网等与现代制造业结合，促进电子商务、工业互联网和互联网金融等产业健康发展，引导互联网企业拓展国际市场。

不难看出，"互联网+"已经成为国家层面力推的方针政策，将成为促进经济社会各领域融合创新的重要战略。

何为"互联网+"？简单说，"互联网+"指通过以互联网为主的新一代信息化技术与传统行业进行深度融合，从而创造出新的生产方式、产业模式和商业生态系统。

通常来说，互联网对传统行业的改变一般集中在第三产业，近年来，随着智能制造技术发展，逐渐波及第二产业，甚至第一产业。未来随着互联网技术、物联网技术的广泛应用，中国社会将快速进入一个万物相连的新时代。

近年来，我国"互联网+"与各传统产业进行跨界深度融合，呈现"工业互联网、电子商务和互联网金融"三个重要发展方向，其中，"互联网+工业"即传统制造业企业采用移动互联网、云计算、大数据、物联网等信息通信技术，改造原有产品及研发生产方式，与"工业互联网""工业4.0"的内涵一致。此外，"互联网+医疗""互联网+交通""互联网+公共服务""互联网+教育"等新兴领域也呈现方兴未艾之势，随着

"互联网+"战略的深入实施,互联网必将与更多传统行业进一步融合,助力打造"中国经济升级版"。

仁达方略的行业分析师预测:

五年内,中国将有百亿台设备连接互联网,将变得更加互联化、智能化,这些变化让诸多行业、诸多产业迎来新的发展机遇。未来中国经济可能由数据驱动,借助这些新智能制造技术,我们将看到智慧城市的运营、智慧制造的工厂、智慧运营的物联网络等。

2016年互联网对中国社会影响进入新阶段

据中国互联网络信息中心(CNNIC)发布的第37次《中国互联网络发展状况统计报告》:移动互联网正在塑造全新社会生活形态,"互联网+"行动计划不断助力企业发展,互联网对整个社会的影响已经进入新阶段。

表现一:半数中国人接入互联网,手机网民占比超九成。截至2015年12月,中国网民规模达到6.88亿,互联网普及率达50.3%,中国居民上网人数已过半。其中,2015年新增网民3951万人,增长率为6.1%,较2014年提升1.1个百分点,网民规模增速有所提升。

网民上网设备正在向手机端集中,手机成为拉动网民规模增长的主要因素。截至2015年12月,我国手机网民规模达6.2亿,有90.1%的网民通过手机上网;另外,只使用手机上网的网民达到1.27亿人,占整体网民规模的18.5%。

表现二:".CN"域名注册保有量居全球第一。截至2015年12月,中国国家顶级域名".CN"总数1636万个,年增长47.6%,占中国域名总数的52.8%,".CN"域名超过德国国家顶级域名".DE",成为全球注册保有量第一的国家。

为满足国际互联网交流需求，2015年度我国国际出口带宽创新高。截至2015年12月，中国国际出口带宽为5392116 Mbps，年增长30.9%。

表现三："固定场所网民首选WiFi接入互联网。随着政府和企业开展"智慧城市""无线城市"建设，公共区域无线网络迅速普及。手机、平板电脑、智能电视等带动家庭无线网络使用，网民通过WiFi无线网络接入互联网的比例高达91.8%，较2015年6月增长8.6个百分点。目前，WiFi无线网络成为了网民在固定场所接入互联网的首选方式。

此外，"互联网+"将对企业运营带来一些深刻影响。

影响一："互联网+"可以帮助企业优化产业链，重构商业模式。淘宝、阿里巴巴、京东商城等互联网购物平台的兴起，让众多的传统产业如服装、电器、终端等厂商纷纷转战互联网，OTO协同发展模式迅速发展。互联网平台逐步取代传统零售店，缩短了"制造商—代理商—消费者"传统销售路径，产业链得以优化。近期，微商平台的兴起，又让众多的厂商蜂拥而入，苏宁、国美、中国联通等企业都表示将建立起自己的微商平台。

影响二："互联网+"可以降低成本，提高效率。对于传统企业而言，"互联网+"不仅能够精简产业流程，缩短"企业—消费者"销售路径，而且可以降低管理成本、人力成本、资源投入成本等，提高资源使用和配置效率。消费者也可以通过互联网降低自身的时间成本、选择成本、购买成本等。因此，"互联网+"能够实现企业、消费者双向交易成本的下降，从而大大提高效率。

影响三："互联网+"大幅增加了营销触点，使得营销推广无处不在。如今，随着移动智能终端的不断普及，互联网已经渗透到中国社会生活的每一个角落，弹窗广告、网页推送、微信朋友圈、QQ个人空间等，营销入口随处可见，这无疑为企业的营销推广活动增添了更多的机会。

第二节　电子商务时代的企业文化重构

　　当前，在全世界范围内随着网络时代电子商务大规模的发展，电子商务企业文化随之产生，它在一个企业内产生的一种新的价值观，使企业内部资源得到重新整合，在为企业带来降低交易成本、提高效率、缩短生产周期等诸多好处的同时，也对已有的企业文化发起了挑战。在我国，电子商务的兴起是一场由技术手段飞速发展而引发的商业运作模式的变革，传统经济活动的生存基础、运作方式和管理机制均发生了彻底改变，传统的企业文化也面临着巨大的冲击。近年来，国内电商的市场格局已经逐渐清晰，各垂直电商的领头羊也已基本确定。作为国有企业骨干与攻坚的部分大型中央企业，也早已经洞察到了电子商务的巨大革命性与生命力，纷纷加入其列，将其传统的交易业务搬到了网上，挺进了线上市场。李克强总理提出了"互联网+"的行动计划，要推动移动互联网、云计算、大数据、物联网等与现代制造业结合，促进电子商务、工业互联网和互联网金融健康发展。据统计，目前我国已经拥有1.4亿的网购人群、4.5亿的网民基数，如此大的消费市场，势必成为兵家必夺之地，因此，央企大举进军电商市场也是时代的要求。

　　企业文化是指在一定的社会经济条件下，通过社会实践所形成的并为全体成员遵循的共同意识、价值观念、职业道德、行为规范和准则的总和。它是社会文化与组织管理实践相融合的产物，在管理实践中发挥了巨大的作用。但随着电子商务的迅速发展，经济、社会以及人们的行为方式和观念都发生了深刻的变革，因此，企业文化也随之发生了改变，应当进行企业文化重构。

　　企业文化重构的实质是让原有的企业文化发生质变，实现升华，在企业范围内建立一种全新的文化，以代替现有的那种很难满足企业成长的需要，越往后越会阻碍企业发展的旧文化，从而使企业文化建设再上一个台阶，使企业能够适应瞬息万变的经营环境的过程。企业文化重构是以企业内外部情况发生根本变化为前提的。

电子商务是建立在网络这个新型媒体基础上的一种新思维，是一个完全创新的过程。与传统的商务活动相比，电子商务引起的商务变化主要表现在以下几方面：首先，电子商务缩短了企业与消费者的距离。由于互联网的实时互动沟通以及没有任何外界因素的干扰，使得消费者更容易表达出自己对产品或服务的评价，这就要求企业不断提高产品和服务的质量。其次，电子商务为企业提供了平等竞争的机会。在互联网上进行交易，不受时空的限制，企业的销售空间随网络体系的延伸而延伸，没有任何地理障碍，这无疑为更多的企业参与全球竞争提供了一个绝好的机会；同时，对所有企业来说也是一次挑战。由于竞争范围的扩大，要求企业必须引入核心竞争力，而企业文化的竞争又是企业管理的最高阶段，是一项长期性的任务。电子商务缩小了竞争者之间的差距，使得竞争最终体现在经营哲学、经营理念及价值观念上。最后，电子商务要求企业将自己塑造成一个"学习型组织"。只有这样，企业才能够紧跟科技进步的步伐，在电子商务领域大展宏图，在 21 世纪的全球竞争中取得竞争优势。

第三节　互联网时代的企业文化建设

在互联网时代，谈论企业文化建设总给人一种虚幻缥缈的感觉。

一家企业解决了生存问题之后，规模化扩张战略的实施不可避免地会使企业产生对企业精神、群体归属感、价值观层面等的追求。譬如互联网企业——阿里巴巴（Alibaba.com）的企业文化建设就受到人们推崇。马云作为创始人，其个人魅力和特有的武侠情结成为阿里巴巴企业文化的突出亮点。

近10年来，我国互联网企业快速成长，阿里巴巴、腾讯、百度和京东，一举占据了全球互联网公司10强中的4席；互联网对中国经济增长的贡献率明显提升。2014年我国互联网经济在GDP占比达7%，超过美国。截至2015年6月，中国网民已达6.68亿人，比整个欧盟人口总数还要多，网络基础设施建设突飞猛进，目前我国光纤到户覆盖家庭达到3.66亿户、3G和4G基站总数达294万、3G和4G用户数累计达7.69亿。

"互联网+"时代彻底改变了中国人的生活方式，也给企业文化建设带来了新课题、新挑战。企业文化建设所要面对的主流群体是新生代员工，老套路早已不再适应现今时代发展和社会进步。新生代群体普遍爱玩不爱学、个性鲜明、崇尚自由，工作缺乏主动性，自我管理能力弱，新生代最需要互联网时代的参与感、尊重感、荣誉感和归属感，填鸭式的文化洗脑的管理模式对新生代逐渐失效，无法激活他们的热情和参与感，这造成企业文化管理难度增大、企业凝聚力削弱。

基于此，仁达方略主张：互联网时代的企业文化建设应该去中心化、去集权化，让企业内部每一位员工都成为企业文化建设的主动参与者，成为企业文化建设的主体。

仁达方略研究院的一项针对互联网公司新生代员工行为方式的专项调研结果如下：

几乎所有新生代员工都对企业组织的相关文化重构培训活动参与热情不高。主要原因是这些活动单调乏味，没有真正挖掘新生代为主体的员工在企业的核心痛点——基于岗位技能兴趣的自我主动充电学习，提升职业竞争力。

问题的症结找到以后，互联网时代如何有针对性地开展企业文化建设就有了根据。

针对互联网时代的文化建设，仁达方略提出以下建议。

首先，互联网时代的企业文化建设必须面向新生代为主体的文化主体群，根据新生代群体的普遍特点，有针对性地开展迎合团队成员爱玩、个性化心态的各种文化创新活动，激发员工兴趣，提高其参与感，疏导释放其情感需求、受尊重需求，引导员工对企业文化核心价值观的认同和企业归属感。

其次，开展多向多通路的丰富多彩的文化传播项目。传统企业文化建设落地自上而下的单向传递方式，显然不符合互联网时代多中心、无层级、同步快速的信息传递方式。文化符号或文化传播信息是人与人之间沟通的载体，也是人与人进行信息情感交流的媒介，不妨将每一位员工当作企业文化建设链条的节点，让每一位员工都成为企业文化的创造者、文化信息链接的中转站，就能够大幅度提升文化建设效能。

最后，互联网时代的企业文化建设项目活动，必须着重深度挖掘新生代群体成员的个人价值。在彼此信任的基础上，建立共同的兴趣，形成群体共同的核心诉求。正因为组织有了共同的价值观和信仰，个人价值能得到尊重和实现，企业文化建设就获得了坚实的根基，每一个成员也就愿意共同捍卫组织的群体利益。

综上所述，互联网时代的企业文化建设应该坚持"以人为本、自下而上"的基本框架和管理思想，结合本企业主流群体——新生代具体特点，在实践中大胆创新，只有这样才能使企业文化建设真正落地，最终形成符合企业实际的企业文化建设新路径、新模式。

第四节　案例研究：阿里巴巴企业文化重构

阿里巴巴是全球企业间（B2B）电子商务的著名品牌，是目前全球最大的网上贸易市场。自1999年创立至今，成长时间不算长，但所取得的斐然成绩却让世人刮目相看。从管理的角度审视这些卓越的成就，不难看出，如今阿里巴巴的辉煌，源于阿里巴巴的企业文化基因，源于阿里巴巴不断地进行企业文化重构和提升。

阿里巴巴从中国杭州最初的18名创业者开始，成长为一个拥有超过5000名雇员的国际化企业，这与它自身用强大的共享价值观，创造共同的企业文化和阿里之家是分不开的。阿里巴巴在2000年就推出了名为"独孤九剑"的价值观体系。"独孤九剑"的价值观体系，包括群策群力、教学相长、质量、简易、激情、开放、创新、专注、服务与尊重。而现在，公司又将这九条精练成目前仍在使用的"六脉神剑"。在阿里巴巴内部，员工们曾被按各自对武侠的理解程度划分为小学、初中、高中及本科水平。其价值观被称为"六脉神剑"，对高管的行为评价从"独孤九剑"逐渐过渡到"九阳真经"。马云在2013年1月10日发布的邮件《变革未来》中写道："各位阿里人，这是阿里13年来最艰难的一次组织、文化变革！阿里提出建设商业生态系统而不是商业帝国的思想已经几年了。几年来的努力让我们更加坚定了这个方向的正确。但是光有思想是远远不够的，我们需要用人、组织和文化来保证它的成功。本次组织变革也是为了面对未来无线互联网的机会和挑战，同时能够让我们的组织更加灵活地进行协同和创新。"阿里巴巴正是在这种认识的高度中不断地完善其企业文化重构的。

2001年，阿里巴巴用工具将文化系统化，以书面形式确定了愿景、使命和价值观，形成了"六脉神剑"和"独孤九剑"的价值观体系。2008年又进一步将"独孤九剑"升华为"九阳真经"。阿里巴巴企业文化经过变革和重构后，现在的文化理念体系是这样的——阿里巴巴的梦想："通过发展新的生意方式创造一个截然不同的世界。"阿里巴巴的使命："让天下没有难做的生意。"阿里巴巴的目标:"建立一家持续发展102年的公司;成为世界十大网站之一;只要是商人就一定要用阿里巴巴。"阿里巴巴的价值观:"客户第一——关注客户的关注点,为客户提供建议和资讯,帮助客户成长;团队合作——共享共担,以小我完成大我;拥抱变化——突破自我,迎接变化;诚信——诚实正直,信守承诺;激情——永不言弃,乐观向上;敬业——以专业的态度和平常的心态做非凡的事情。"

随着经济和社会的发展,企业发展已经步入了电子商务时代。在电子商务时代,对企业文化提出了更高的要求。仁达方略认为:在电子商务时代,就企业而言,机遇与挑战并存,所以企业必须不断地探索和发展适应新形势、新时代的企业文化。企业要根据自己的实际开展企业文化建设,不要急于求成地提出口号化、雷同化的所谓"企业精神"和"企业理念";要跟随时代的发展,融入传统文化的精华,充分体现民族特色、现代文明成果并突出企业特色,建设一种有深厚文化底蕴,具备强大凝聚力的电子商务时代的企业文化。只有这样,才会真正地在新一轮的全球经济大调整中立于不败之地。

第五章
中国制造与中国文化

制造业是指将制造资源（物料、能源、设备、工具、资金、技术、信息和人力等）按市场要求，经过制造过程，转化为可供人们使用和利用的大型工具、工业品与生活消费产品的行业。

进入21世纪，绿色制造、智能制造、资源节约、环境友好型产业的理念，构建高效、清洁、低碳、循环的绿色制造体系，工业机器人等国际先进制造技术，为中国传统装备制造方式带来了革命性产业变革，推动国内制造业转型升级。据统计：2015年中国机器人需求量达36000台，占全球18%，成为全球规模最大工业机器人市场。2016年及未来三年中国机器人销量将累计增长11.8万台套，机器人单体市场年均增长100亿~150亿元。

2015年以来，中国制造业面临发达国家和发展中国家"前后夹击"的双重挑战：一方面，东南亚国家在中低端制造业发力，凭借更廉价的劳动力吸引中国本土企业在东南亚建厂、在华外资企业转移产能；另一方面，中国制造成本快速上升，迫使在华外资高端制造业回流发达国家。

由此判断：支撑中国制造业发展的劳动、资本和全要素生产率等供给要素，以及投资、消费和净出口拉动等需求要素之间供需结构严重失衡，导致制造业空心化、大规模失业潮等，很可能重创经济、引发群体性事件，给社会稳定带来巨大冲击。

在仁达方略看来："新常态"中国经济发展正处于爬坡过坎的重要关口，要实现"两个百年"奋斗目标和中华民族伟大复兴中国梦，中国经济换挡不失速，推动产业结构向中高端升级，重点、难点和出路都在制造业。

第一节　中国制造2025

2015年5月8日，国务院颁布《中国制造2025》（国发〔2015〕28号）提出："三步走"实现制造强国战略目标。第一步，2025年迈入制造强国行列；第二步，2035年我国制造业整体达到世界制造强国阵营中等水平；第三步，新中国成立一百年时，制造业大国地位更加巩固，综合实力进入世界制造强国前列。

《中国制造2025》将重点突破：新一代信息技术、高档数控机床和机器人、航空航天装备、海洋工程装备及高技术船舶、先进轨道交通装备、节能与新能源汽车、电力装备、农机装备、新材料、生物医药及高性能医疗器械等产业技术领域。

他山之石，可以攻玉。"德国制造"在国际上就享有盛誉，无论是百年教堂大钟、酿酒设备、地下排水系统、建筑与家具，还是奔驰、宝马、双立人刀具。"德国制造"具备四个基本特征：耐用（Haltbarkeit）、可靠（Zuverlaessigkeit）、安全（Sicherheit）、精密（Praezision）。这些可触摸的特征，就是德国制造文化在物质层面的外显，隐含其后的，则是"德国制造"独特的精神文化。

"德国制造"的文化内核。"理性严谨"——体现着日耳曼民族性格，是黑格尔、康德哲学支撑的"德国制造"精神文化的焦点和结晶。德国人"理性严谨"的民族性格又自然演化为其生活与工作中的"标准主义"。

"标准主义"：具体表现为"标准为尊""标准为先"。德国是世界工业 DIN 标准化发源地，涵盖机械、化工、汽车、服务业等所有产业门类，超过 3 万项，成为"德国制造"的基础，全球 2/3 国际机械制造标准来自"德国标准化学会（DIN）标准"。

"精确主义"：对于标准的依赖、追求和坚守，必然导致对精确的追求。

"完美主义"：在专注精神、标准主义、精确主义的递进发展中，必然产生完美主义。这四个文化要素具有明显递进包含逻辑关联。"完美主义"是"专注精神、标准主义、精确主义"的综合表现；而"完美至臻"则是德国制造的根本特征。追求完美的工作行为表现是"一丝不苟、做事彻底"。

"标准主义"的时间维度表现是"程序主义"，其空间表现则是"秩序主义"。广义的"秩序"概念涵盖了"程序"，是个内涵很广的概念。德语"秩序"（Ordnung）一词的相关含义有：整顿、整理，整齐，条理，规则，规章，次序，顺序，制度，安宁、秩序、纪律。

总之，与以道德文化为特征的"中华厚德文化"不同，"德国制造"的理性化划分"工具理性（专注主义、标准主义、精确主义、完美主义、秩序主义）"和以宗教（基督教）文化为基础的"价值理性"，这是最值得"中国制造"借鉴的。

现阶段，"中国制造"普遍存在"超常规、跨越式放量发展""耐不住寂寞和诱惑，缺乏专注精神"等浮躁现象，要构建严谨理性的"中国制造"文化内核，其最大障碍是近现代国民性。老祖宗、明清家具也曾钉是钉、铆是铆，有板有眼儿，只是在近现代，由于离道失德，出现了被鲁迅诟病的"不认真和做戏"导致中国落后的国民性问题。

基于此，仁达方略认为：本土制造企业须借鉴"德国制造"蕴含的文化内核，瞄准创新驱动、智能转型、强化基础、绿色发展等关键环节，以开放的胸怀进行企业文化再造。企业文化再造的重点是"理性"，难点是"国民性改造"。

随着中国制造2025、创新驱动战略实施，带给中国制造业的，并不仅仅是制造业结构调整和转型升级，还是"中国制造"文化内核的重塑再生：一种凝练着中华民族复兴精神、绿色智能制造理念的先进"制造文化"。

第二节 从文化重构角度提高企业核心竞争力

企业核心竞争力是企业长期形成的，蕴含于企业的内质中，由企业独特拥有，并使企业获得长久竞争优势的核心能力资源。企业核心竞争力主要由战略、结构、制度、风格、人员、技能和企业文化等七个要素构成。在这七个要素之中，企业文化居于核心地位，是企业核心竞争力的重要组成部分。中外企业发展的成功实践表明，企业文化作为核心竞争力的重要内容，其丰富的内涵、科学的管理思想、开放的管理模式、柔性的管理手段，为企业管理创新开辟了广阔的天地。

核心竞争力在企业成长过程中的主要作用表现在：从企业战略角度看，核心竞争力是战略形成中层次最高、最持久的，从而是企业战略的中心主题，它决定了有效的战略活动领域；从企业未来成长角度看，核心竞争力具有打开多种潜在市场、拓展新的行业领域的能力；从企业竞争角度看，核心竞争力是企业持久竞争优势的来源和基础，是企业独树一帜的能力；从企业用户角度看，核心竞争力有助于实现用户最为看重的核心的、基本的和根本的利益，而不是那些一般性的、短期限的好处。核心竞争力的形成和发展的过程其实更是一个漫长的过程。在核心竞争力的发展过程中将会反过来促进企业文化的建设，培育和发展核心竞争力需要企业文化的支撑，如果企业文化不够好，那么企业核心竞争力的发展将会进行得很困难，发展的速度会放慢，而且维护的效果还不一定会好。

仁达方略认为企业文化的建设需要企业其他资源的支持，核心能力的形成同样也是一样。企业文化不可能只是单纯的文化，它要与组织结构、管理模式、人力资源、物质资源等相融合，这些资源同样也支持着企业文化的建设，如此才能建设出一个优秀的企业文化。这就是说前提是组织结构、管理模式发展得很完善；人力资源、物质资源很丰富。这就会使企业文化更快、更好地与之相融，从而有利于进一步地提高企业文化的转换利用性，及时地将企业文化运用到企业的日常运作当中，使企业文化与核心竞争力能同步地发展，发挥企业文化的作用。

美国著名企业文化专家沙因在《企业文化与生存指南》一书中指出：大量案例证明在企业发展的不同阶段，企业文化重构是推动企业前进的原动力，企业文化是核心竞争力。

在瞬息万变的市场环境下，企业文化重构迫在眉睫。怎样进行企业文化重构而建立一种提升企业核心竞争力的企业文化体系呢？下面就以竞争激烈的制造业企业文化重构案例进行说明。

第三节 企业转型与文化重构——以制造业为例

制造业是指对制造资源（如物料、能源、设备、工具、资金、技术、信息和人力等），按照市场要求，通过制造过程，转化为可供人们使用和利用的大型工具、工具品与生活消费产品的行业。制造业直接体现一个国家的生产力水平，是区别发展中国家和发达国家的重要因素，而且制造业在世界发达国家的国民经济中占有重要份额。根据在生产中使用的物质形态，制造业可划分为离散制造业和流程制造业。其中制造业包括：产品制造、设计、原料采购、仓库运输、订单处理、批发经营、销售。随着世界经济一体化进程的不断加快，我国制造业也得到了快速、良好的发展，"中国制造"已经遍布世界各地。我国的制造业自改革开放以来发展迅速，现在已经成为世界制造业大国，国产的J-10战斗机、J-15舰载机、辽宁号航母、载人飞船……这些高科技武器和装备无不体现出中国军工企业制造力的强大。

然而在我国制造业蒸蒸日上的同时，也暴露了很多问题，与发达国家的差距还很大。由于受多种因素影响，使我国制造业的生产效率普遍低下，已逐渐成为制约我国制造业发展的瓶颈。企业竞争已经从国别平台转向全球化的平台，要想缩小差距、提升我国制造业的竞争力，还需要付出更多努力。这种全球化竞争的帷幕一层层拉开，继资源、管理、科技和人才竞争之后，最新拉开的一层是企业文化。自从改革开放以来，我国的制造业得到飞速发展。一方面，为了满足国内基础设施建设的需要和人民生活水平提高的需求，制造业的发展必须紧跟国民经济的步伐。于是大型工业机械、重大民用装备和众多武器装备快速发展起来。通过从国外引进新的技术，再进行消化、吸收、创新等举措，把制造业提高到新的台阶；另一方面，国际产业的转移使得我国装备制造业得到了迅速的发展。目前，虽然我国制造业发展迅猛，可其制造实力仍排在美国、日本之后，位居第三。值得注意的是，尽管美国的服务业已经超过80%，但是它还是世界上制造业最强的国家。可见制造业，特别是装备制造业始终是高于GDP的速度在增长，它已经成为我国最大的产业和国民经济重要的组成部分。

我国目前在先进制造技术上已经取得很大进步，如CAD技术得到普及、精密成形与加工技术水平大幅度提高、数控技术取得重要进展、现代集成制造系统研究和应用取得突破……这些突破使得我国制造业的加工技术水平也得到大幅度提升，同时使之与世界先进技术接轨，在国际中占有一席之地。与美国、日本、德国等制造业相比，我国制造业生产率相当低下，有些企业盲目扩大生产导致低水平的生产力严重过剩，而高水平的生产力又严重缺乏。中国虽然已经成为世界工厂，但关键技术自给率低，技术对外依赖度达50%，60%以上的装备需进口，科技对发展的贡献率仅占30%。支撑中国企业生存的条件仅仅是靠低廉的劳动力和本土市场的优势，如果这种不利局面还不能改变，接下来的产业结构调整和产业升级将会面临严重障碍，中国的制造业可能会为此付出很大的代价。

企业文化是企业第一竞争力

企业文化是企业的观念和方式，一种普遍自觉的观念和方式是一种巨大的能力。因此，企业文化是企业的第一竞争力。为什么德国企业在精密制造业上领先世界，美国公司在世界500强中占有240席，日本公司产品的成本最低——这一切都与文化竞争有关。文化决定了他们在全球竞争中的地位。我们要想成为世界一流也需要以企业文化为支撑，即通过加强企业文化建设，使我们具有文化竞争力。市场研究表明，企业文化与制造业生产效率之间有着很大的关联。企业文化对制造业生产效率的影响因素主要如下：

体制不健全。优秀的企业文化应建立在政府与企业权责明确、产权清晰的基础之上，但是由于我国企业文化所具有的特色，所以，我国的制造业很难实现上述要求，常常出现界定不清、模糊混乱的情况，导致价值取向不同，核心文化难以形成，左右因素众多，信心不足，生产效率低下成为必然。

价值观不明确。随着全球经济一体化的逐渐实现，我国社会经济也得到了快速发展，使得世界经济体制、体系也进入了我国人民的视线，使人们价值观受到冲击，发生转变，出现不少唯利是图的制造企业，过于追求企业利益，忽视了自身文化建设，进而对生产效率产生了严重影响，导致生产效率低下。

思想观念落后。当前，我国制造企业中普遍存在轻视技工的思想，这是造成我国制造业生产效率低下的重要原因之一。轻视技工造成生产技术水平低下，从而严重影响了制造企业的生产效率。所以，我国的制造企业应树立以人为本的思想观念，消除以往的弊端。

只重视物质文化建设，忽视精神文化建设。我国制造业起步较晚，发展不平衡，这就导致制造企业过于注重对物质文化的投入建设，以求通过购进先进设备、改善生产环境等物质方面来提高生产效率。一些企业表面上重视精神文化建设，但实质上仅仅停留在口号上，没有从根本上得到员工的认可和内化于心。一个优秀的企业物质文化建设与精神文化建设应是处于同一重要地位，只重视物质文化建设，忽视精神文化建设，最终所获取的效果也是不尽如人意的。造成人才流失严重，优秀员工不断跳槽，一方面不利于人才的发展；另一方面企业也受到了打击，没有核心技术力量，如此企业创新能力必然不足，生产效率低下变得正常化。

忽视了对员工的激励。企业并不是一个人或两个人的企业，应是所有员工共同的企业，企业的发展离不开员工的积极支持，没有员工的企业或是缺乏员工支持的企业只能算是皮包公司。而当前，我国制造企业中普遍存在忽视对员工激励的情况，员工缺乏来自企业的激励，就必定缺乏工作热情与积极性、缺乏荣誉感与成就感，最终使得企业失去了发展活力。

文化建设落后。受市场经济体制和文化水平影响，我国制造业跟国际接轨仍存有一段距离。当前，我国许多制造企业为了能与国际接轨，大量引进国外先进文化，却忽视了自身文化建设，即使引进了先进文化也没有与自身特点有机结合，没有进行创新，只是"拿来主义"，看起来很好，听起来不错，但无法消化吸收，最终企业文化水平以及文化建设效果仍处于不理想状态，甚至还对企业的发展产生了一定的阻碍。作为一个企业的精神纲领和行动指南，企业文化在企业的建设与发展过程中发挥着巨大的作用。

我国制造业如何进行企业文化重构

中国已经进入了后工业时代，企业利润空间快速收缩，工业领域的通货紧缩问题向深层次迈进。与此同时，在总需求不足、国际大宗商品价格下滑以及内生性收缩等因素的作用下，工业品出厂价格指数持续走低，CPI（居民消费价格指数）持续回落，远远低于目标价格水平。经济低迷期，企业要做的是从自己的"软件"着手，加强品牌、文化建设，才能稳固发展，在经济危机过后大放异彩。经济低迷是制造型企业审视企业文化、重构企业文化的契机。制造业企业文化重构着眼于为企业战略目标提供精神动力和智力支撑，为企业战略建设提供坚实的思想政治基础，最终形成具有时代特征、制造行业特点的理念体系和行为规范。下面以永红公司为例来说明。

贵州永红航空机械有限责任公司（原名永红机械厂，成立于1969年，1992年搬迁至贵阳市，简称永红公司）隶属中国一航贵州集团，是航空冷却系统（附件）和民用热交换器的专业化生产企业，从事热交换器研发制造已有40年历史，具有雄厚的热交换器研发制造实力，拥有先进的生产加工设备和精密的试验检测仪器，能根据客户提供的参数设计出满足性能需要的产品，产品远销欧洲、美洲、大洋洲和亚太地区。2005年、2009年永红公司连续两次荣获全国文明单位称号。

永红公司在2002年开始了企业文化建设工作，并公布了《贵州永红航空机械有限责任公司企业文化纲领》：本纲领以知识经济、经济全球化和中国经济体制改革为宏观背景，以制度创新、经营创新和管理创新为主题，以变革为核心，确定公司未来运行机制、管理体制变革的基本思路；阐明公司的价值主张和文化取向。本纲领将从精神文化、制度文化、物质文化三方面来阐述。

公司使命：做国内散热器行业的领先者。
公司愿景：美好的事业，无限的追求。
企业精神：事业第一、诚信为本、大力协同、勇于创新。
经营方针：市场为先，客户第一，质量兴企，利益共享。
市场观念：洞察变化，把握先机。
质量观念：重质量、第一德。

随着制造业的高速发展，永红公司面临的竞争压力越来越大，如何找出自己的核心竞争力，提升自身的社会形象和品牌价值，使永红公司能持续健康地发展，这需要建立一个有特色、有竞争力、有前瞻性的企业文化。在企业文化建设中，永红公司与许多企业一样，都遇到了一个共同的难题——如何把它做实，如何把企业价值观变为职工的自觉行动？如何把这些抽象的理念化为看得见、摸得着的东西？这是永红公司进行企业文化重构的背景。经过多年的实践，永红公司进行了企业文化重构，并探索出了一条行之有效的途径和方法，概括为"企业文化建设有十招，招招都确保掷地有声"，即目标具体化、榜样人格化、理念故事化、视觉形象化、制度标准化、网络信息化、教育多样化、管理科学化、环境优美化、礼仪规范化。在此基础上，永红公司重构了企业文化理念体系——

公司精神：不畏困难、吃苦耐劳、敢于拼搏、永不言败。

公司宗旨：打造精益企业，实施品牌战略，提升员工素质，创建和谐永红。

战略目标：国内第一，国际名牌，国防有位。

战略方针：再造永红，突出核心，军品做精，民品做强。

公司使命：壮大企业、报效祖国、造福员工、回报社会。

在日新月异的发展变化中，永红人正以高昂的斗志、百倍的信心，激情进取，推进公司跨越式发展；志在超越，努力把公司建设成为在紧凑式热交换器领域国内第一、国际名牌、国防有位的专业化和外向型研发制造基地。

企业文化体系的变革与再造不是一个一蹴而就的过程，它随着企业的不断发展而产生并不断变化着，为保持企业长期稳定的发展，构建企业的适应性文化体系，进行企业文化再造是势在必行的。通过企业文化重构，有助于在员工队伍中树立共同的发展目标和价值取向，有助于在企业中塑造团结友爱、相互信任的和睦氛围，有助于形成团队意识，进而产生强大的凝聚力和向心力，对企业经营目标的顺利实现起到积极推动作用。

第六章
企业文化重构的理论基础

企业文化有自己独特的逻辑结构和理论脉络，绝不是拍脑袋就能决定的事情。

通常来说，企业文化重构的理论基础包括企业文化基本理论和企业文化重构理论。其中后者包括应用企业文化理论、企业文化生态理论、企业文化落地理论、跨文化沟通理论、企业文化融合等理论。

第六章 企业文化重构的理论基础

第一节 企业文化基本理论

企业文化的结构

企业文化研究领域的权威霍夫斯塔德在其著作《跨越合作的障碍——多元文化与管理》中开篇即论述：尽管不同时代、不同民族的文化各具特色，但其结构形式大体是一致的，即由各不相同的物质生活文化、制度管理文化、行为习俗文化、精神意识文化四个层级构成。根据该理论，形成了国内各种对于企业文化的研究。本书参考仁达方略的企业文化结构图（《企业文化建设》，中国发展出版社 2005 年版），把企业文化剖分成形象、制度、行为和价值观四个层次，如图 6-1 所示。

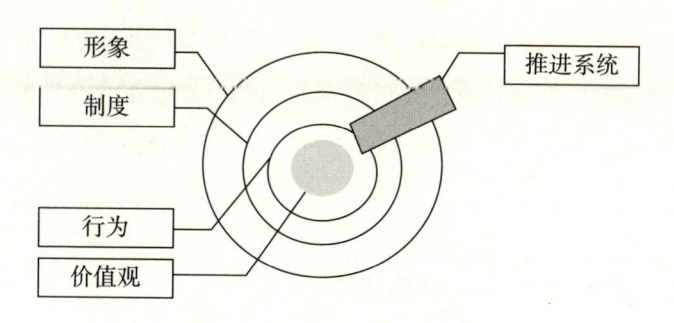

图 6-1 企业文化的四个层次

通常，认识一个企业总是从它的外在形象开始的。这个形象包括它的名称、商标、产品、宣传手册、广告、办公环境以及员工服饰等，通过这些形象表现出来的文化称之为企业文化的形象层，也称物质层。它们往往是可听、可见甚至是可以触摸得到的，位于企业文化的最表层，距离企业文化的核心和本质也最远，因此，形象层（或物质层）也是企业文化中最多变、最容易被扭曲的部分。

接下来，会接触到企业文化的第二层——制度层（又称企业的制度文化）。毋庸置疑，企业的运转需要制度作支撑，员工准时上下班而不是迟到早退，生产车间的工人按照规范操作而不是任意胡来，响应客户需求主动热情而不是傲慢懈怠等，大多是因为制度的激励与约束。它是一种硬性的约束，是一种显性的文化。

然后，可以接触到企业文化的第三层——行为层。向客户提交产品是否按时和保证质量，对客户服务是否周到热情，上下级之间以及员工之间的关系是否融洽，各个部门能否精诚合作，在工作时间、工作场所人们的脸上洋溢着热情、愉悦、舒畅还是正好相反，这一层距离企业文化的核心和本质又近了一步，和企业文化的核心具有直接的互动互指关系。

行为层与制度层之间的关系以及它们与核心层的关系是一个非常关键的问题，很多人在这一方面都没有完全弄清楚。行为层也是制度，不过与显性的制度不同，它是一种隐性制度，是企业价值观作用的一种反映，它是企业经营作风、精神面貌、人际关系的动态体现，也是企业精神、企业价值观的折射。它是以人的行为为形态的中层企业文化，以动态形式作为存在形式。

企业文化的核心——价值观

经过层层抽丝剥茧之后，就进入了企业文化的核心——价值观。价值观是指组织在长期的发展中所形成和遵循的基本信念和行为准则，是组织对自身存在和发展的意义、对组织目的、对组织员工和顾客的态度等问题的基本观点，是评判组织和员工行为的标准。

价值观是企业文化的核心,它决定着企业坚持什么样的原则,赞同什么,反对什么,是员工行为的准绳,是企业与企业人一切行为的基础。图 6-2 为麦肯锡 7S 模型图。

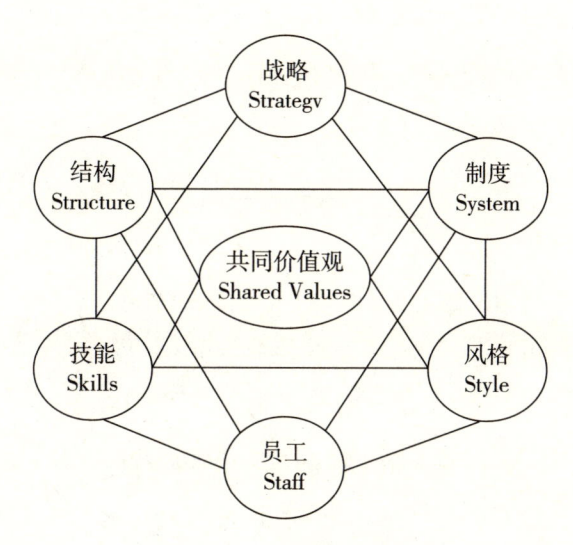

图 6-2 麦肯锡 7S 模型

价值观是企业文化的本质,是企业文化的决定性因素,是全部企业文化的源泉,是企业文化结构中最稳定的因素。有什么样的价值观,就会有什么样的企业管理制度和企业行为以及外在形象和表现。

企业文化是企业的灵魂,价值观是企业文化的核心,罗伯特·惠特曼和汤姆斯·彼德斯在《追求卓越》一书中认为:卓越公司成功的要素在于七个方面,这就是著名的 7S 模型,其中,共同的价值观处于核心的位置,也就是说它是一个公司成功的核心。

目前,许多公司在确立价值观时思维混乱。有些员工认为诚信是他们的价值观,有些员工认为时尚是他们的价值观,等等。许多情况下,经理们把其他类型的价值观看作是核心价值观,由此产生"大杂烩",使员工摸不着头脑,使管理不着边际。而如果企业与员工对价值观的理解不一致的话，那么企业的宣扬与员工的行为会出现扭曲，造成社会对企业的认识发生偏差，将对企业品牌产生销蚀作用。

企业应该对价值观做一些基本的界定，以保证员工明白自己在谈论什么，以及自己想要达到什么目标。

价值观也有自己的层次，价值观可以分为四个层次，形成关于价值观的四层次模型，如图6-3所示。

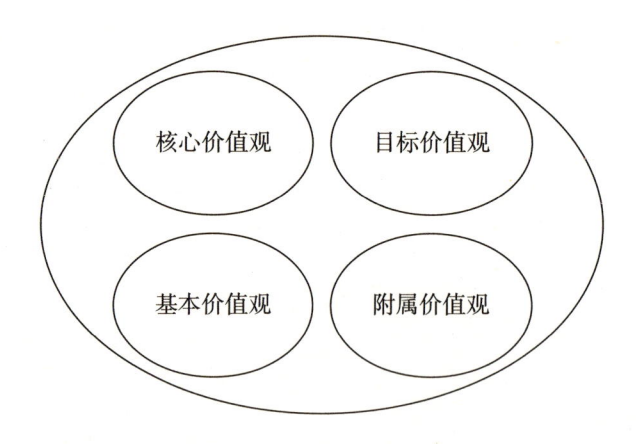

图6-3 价值观的四层次模型

1. 核心价值观

核心价值观是指导公司所有行动的根深蒂固的原则，也是公司的文化基石，是企业价值观的核心，《基业长青》的作者柯林斯和波拉斯给核心价值观下了一个简洁的定义：核心价值观是固有的，不容亵渎的，是不能为了一时方便或短期利益而让步的。

核心价值观常常反映企业文化的缔造者的价值观，比如惠普公司所颂扬的"惠普之道"便是一个例子。核心价值观是一家公司的独特性源泉，因此必须不惜一切代价去恪守。这里面有一个我们所说的"高压线原则"。企业的核心价值观有如高压线，是绝对不容许突破和超越的，任何人只要一违反核心价值观，都应该受到惩罚，这是不可变通与商量的。

对于核心价值观的认识，最重要的是不要把核心价值观与文化、战略、战术、作业、政策或其他非核心的做法混为一谈。日久年深之后，文化标准必须改变，策略必须改变，产品线必须改变，目标必须改变，权限必须改变，管理政策必须改变，组织结构必须改变，奖励制度必须改变。到最后，企业如果想长久保存并发展下去，唯一不改变的应该是核心价值观。作为员工与企业为之奋斗的最高纲领，核心价值观能够统揽全员的思想和意志，是实现企业可持续发展的必然要求。

核心价值观与企业的使命结合紧密，往往是企业使命的反映和体现。核心价值观是企业区别于竞争对手的最核心和最内在的标志与原因。

2. 基本价值观

基本价值观反映的是员工所必须具备的行为和社交的最低标准，比如说要遵守国家的法律，要符合国家的政策，要符合社会的道德习惯，等等。不同公司的基本价值观差异不大，尤其对同一地区或同一行业的公司来说更是如此，这就意味着我们不可能凭借基本价值观就把一家公司与其竞争对手分开来。

一些企业的高层领导就容易混淆核心价值观和基本价值观。譬如，很多企业将"诚信"作为企业的核心价值观，他们拒绝雇佣曾经在履历表中弄虚作假或者对过去工作经历提供不真实信息的人。尽管这些企业宣称的价值观毫无疑问是正确的，但是，除非企业能够采取极其严格的措施，保证自己比别的公司持有更高的诚信标准，否则"诚信"只能被视为公司的基本价值观，而不是核心价值观，因为做到诚信是每个企业、每个公民的义务。

3. 目标价值观

目标价值观是指公司要获得成功必须拥有，但目前暂不具备的价值观。例如,某家公司需要发展一种新的价值观以支持新的公司战略,或者满足不断变化的市场和行业的需求。

4. 附属价值观

附属价值观是自然形成的,不是由领导者有意培植的,它会随时间的推移在公司生根。附属价值观通常反映了组织中员工的共同利益或特性。很多人会将附属价值观作为企业文化的象征,因为它体现在员工的日常行为当中,是老板不在时员工的行为表现。

附属价值观对公司起着很好的调节作用,比如可以帮助营造一个包容的氛围。但附属价值观也会因为排斥新的机会而起消极作用。

第二节　应用企业文化理论

一般来说,关于企业文化的理论可以分成两大类,即应用企业文化理论和纯粹企业文化理论。

应用企业文化理论把企业文化看作是一种管理思想和管理手段,有的学者把企业文化看作是至今以来企业管理理论的最高阶段,持有这一理论的学者和实践家信奉和积极提倡的是企业文化的管理、创新、变革和在适当条件下的重构。

纯粹企业文化理论认为企业本身并不拥有文化,组织本身就是文化,从企业管理的角度来谈论企业文化没有任何指导意义,无法寻找改善企业文化的路径,无法用企业文化来改善企业的经营绩效,迄今为止,仍有学者和企业承袭纯粹企业文化理论,使企业文化步入"华而不实"的误区。

无论国资央企,还是社会资本民营企业,企业文化重构的意义就在于使企业文化真正为企业所用,真正使企业文化转变为现实生产力,而对此起到巨大指导意义的是应用企业文化理论。本节将追本溯源,寻找企业文化表面以外的真相,探索在企业管理中企业文化到底扮演什么角色。

企业文化建设实践中,一些企业文化咨询理论和一些关注企业文化的人士,往往会将企业文化与《易经》《中庸》等所谓的"国粹"中的某些词句联系起来,如"大象无形""上善若水""厚德载物""博厚悠远"等,或者与赞助某某活动、参加某某活动联系起来,或者与企业的某某品牌的内涵联系起来,或者认为企业的公共关系与企业伦理就是企业文化,不一而足。

那么,按照此种方式建设的"企业文化"是什么样的呢?实际经营管理活动中所体现出来的"企业文化"又是什么样的呢?很多企业往往在大张旗鼓开展企业文化建设之后,却发现员工对企业所形成的企业文化宣言或纲领并不认同,也无法将企业的核心价值观落实到企业和全体员工的具体行动中去。光靠振奋人心、动人心弦的精美语言不会也不可能使一家公司高瞻远瞩、追求卓越。一家成功的企业必定有一套成功的企业文化体系,而真正的成功在于能够持久地一贯坚持这套企业文化体系。

全球制药行业领导者默克公司的科学和技术政策主管杰弗里·斯图乔说:

"我来默克之前曾经在另一家美国人公司工作。我认为,两家公司之间的根本差异在于言语与实际——另一家公司高举价值观、宏图大志和一切的大旗,但是言语与实际之间有很大的差别——在默克公司,两者之间则没有差别。"

"企业文化"的兴起及其概念与内涵

"企业文化"这一概念的出现是在 20 世纪 70 年代末 80 年代初。

20 世纪 70 年代末,日本经济实力增强对美国、西欧经济形成了挑战。这种形势下,人们注意到日美企业管理模式的不同,其中发现,理性化管理缺乏灵活性，不利于发挥人们的创造性和与企业长期共存的信念，而塑造一种有利于创新和将价值与心理因素整合的文化，才是真正对企业长期经营业绩和企业的发展起着潜在的却又至关重要的作用。

美国多数行业经历了10年来激烈的市场竞争，公司经营业绩不再像它们在20世纪50年代和60年代所取得的那么大了，企业家开始寻求打开企业经营之门的新钥匙，寻求新的思想观念。这些研究著作中的一些观点说明了一些道理。尽管其中有的结论过于偏激（至少是反传统经营思想的），1981—1982年间出版的4部著作全都成为全美最畅销书：《Z理论》，奥吉著；《日本经营管理艺术》，帕斯卡、阿索斯合著；《企业文化论》，笛珥、肯尼迪合著；《追求卓越》，彼得斯、惠特曼合著。其中，彼得斯、惠特曼合著的《追求卓越》打破美国非小说类图书的历史销售纪录。

这些书籍对企业经营管理界和公众的基本信念都产生了巨大影响。1989年，"企业文化"一词传播不到10年，《时代》杂志抵制了帕拉莫特公司用心不良的竞买活动，理由十分简单：这种竞买兼并会改变甚至毁灭公司的企业文化，损害消费者利益和股东利益，进而危及社会。最高法院大法官最后裁定《时代》胜诉时，大法官评论说："是有可能存在法律可以认定的危害'企业文化'的事实构成。因为'企业文化'已证实是可感知的、明确的，也是有益于社会的。"

目前关于企业文化的定义也有一百几十种之多。最广泛使用的、具有权威性的概念是美国麻省理工学院组织行为学教授爱德华·沙因（Schein）的定义，沙因教授将企业文化定义为：企业文化是在一定的社会经济条件下通过社会实践所形成的并为全体成员遵循的共同意识、价值观念、职业道德、行为规范和准则的总和（Schein，1984年），是一个企业或一个组织在自身发展过程中形成的以价值为核心的独特的文化管理模式。

作为一种文化氛围，企业文化不是管理方法，而是形成管理方法的理念；不是行为活动，而是产生行为活动的原因；不是人际关系，而是人际关系反映的处世哲学；不是工作，而是对工作的感情；不是地位，而是对地位的心态；不是服务，而是服务中体现的精神境界。总之，企业文化渗透于企业的一切活动之中，而又流溢于一切企业活动之上。

企业文化不是单纯的思想或矫揉造作的文字，不是企业与文化的嫁接，更不是企业家与文化人的联谊会。如同知识本身并不承载价值一样，为企业文化而建设企业文化基本上是徒劳的，很多企业想通过某一局部的取巧来建设企业文化，却从根本上忽略了企业文化无形的存在和作用。

企业文化的理论基础之一是管理学，从企业文化的起源和学者们在企业文化领域的研究内容上看，企业文化与战略、企业文化与管理有着不可分割的交融关系。

企业文化重构与战略

企业的文化影响着企业的决策，指引着企业前进的方向，并提供评价工作好坏的标准，其对企业的战略实现起到了一个内动力的作用。

企业文化服务于企业战略，企业文化对企业战略的实施、控制以及战略目标的实现起着巨大的内动力作用。企业文化对企业战略的实施和控制起到导航和支撑的作用，在企业战略变革的过程中尤其如此。

具体来说，企业文化与企业战略的关系表现在以下几个方面。

1. 企业文化是制定企业战略的基础

企业通过愿景制定战略，愿景体现了战略的方向性，而愿景是对企业文化的提炼和升华，是建立在企业文化基础上的，是企业文化的衍生。在越来越激烈的市场竞争中，企业战略应该建立在适应外部竞争环境和企业自身发展要求的价值理念基础之上，以企业价值观为核心的企业文化决定着企业战略，乃至企业的兴衰成败。

2. 企业文化是战略实施的关键

企业文化的适合与否关系着企业战略的质量高低，企业文化的理念能否为企业员工所认同，能否真正被企业所理解，是否能深入人心，关系着企业的发展与提升，因此企业文化是企业战略顺利有效地实施的根本所在。企业文化作为先进的管理思想和理念，正是激励员工、统一全体成员意志的重要手段。

企业文化是维系企业员工的一条无形的精神纽带，体现企业文化的发展战略制定后，从企业高层管理者和战略研究人员到执行战略的所有人员都能够了解企业的整个战略意图，在企业文化理念体系指导下，员工对企业的发展战略产生认同感和责任感。这时，企业利用企业文化团结所有的员工，使企业文化像企业的精神纽带一样具有导向、约束、凝聚、激励及辐射作用，从而激发全体员工的热情，统一企业成员的意志和欲望，齐心协力地为实现企业战略目标而努力。

3. 企业文化是战略控制的"金钥匙"

战略是由人来实现的。战略控制可以通过规章制度、计划要求等去实现，但不如企业文化理念体系如共同的价值观、信念、行为规范等这把"金钥匙"更为有效。价值观、信念及行为规范可以形成人们的自觉行动，达到自我控制和自我协调。不同的企业文化将引导和塑造不同的行为，也就会相应地导致不同的结果，最终指向不同的目标。所以，优秀的为员工所认同的企业文化对企业战略目标的实现尤为重要。如果企业能够拥有一套优秀的为员工共同认可的文化体系，那么，员工主动的自我控制、员工间的非正式监督与不涉及具体细节的组织准则结合在一起，员工会比在正式制度下更愿意服从，控制员工行为就会比只有正式控制制度更为有效。

4. 企业文化是维持战略优势的条件

企业文化作为企业的核心竞争力可以维持战略优势，主要是依靠一股强大的思想力量——核心价值观，它推动着全体员工向着同一目标不懈努力。但是这种以价值观为核心的企业文化必须是特有的，而且不容易被模仿，一个优秀的企业文化理念体系往往体现了这个企业的历史积累。一个企业的企业文化带给企业的战略优势和竞争优势，往往体现在这个企业的文化体系的不可复制性上，企业文化是区别于其他企业的差别竞争力，是企业的核心竞争力之一，因此，企业文化理念体系是维持企业战略优势的不可或缺的条件。

5. 企业文化与战略的适应和协调

环境、全球化发展环境的变化要求文化的发展应该能够适应变革并且促进变革和发展。随着经营的发展，企业组织规模的扩大以及竞争的加剧，企业原有的战略可能会进行调整。一个新的战略必然要求与企业文化匹配与协调，然而，企业原有的一些文化理念体系可能会与新的战略有所冲突。这个时候，企业应该以核心价值观为基础，对这些不再适应新型战略的文化体系进行改善，使得以价值观为核心的企业文化能够在变革当中成为实施战略的动力。

企业文化重构与管理

文化与管理之间的关系可以引用华为集团任正非先生的话来做一个概括："文化为公司的发展提供土壤，文化的使命是使土壤更肥沃、更疏松；管理则是种庄稼，其使命是多打粮食。"这一比喻形象地指出了文化对公司发展的推动作用，并且指出了企业文化与企业管理之间的关系。企业文化对企业的管理和变革起着重要的推动作用，企业文化的有效实施将完善企业管理的方方面面，极大地提高管理的效率。

1. 企业文化服务于企业管理

现代企业的管理是理念和思想层次上的管理，企业文化管理作为一种新的管理方式和管理理念，不能脱离管理的目的，不能为文化而文化，而是通过文化来获得管理上的成绩，提高员工的绩效，增强企业的竞争力。

企业文化为企业的管理提供了理念上的指导，营造了精神上的氛围。同时，企业文化的发展也遵从管理者的思想脉络而生生不息。管理者的管理理念和思想通过文化这种管理形式，与员工进行沟通和交流，产生凝聚力和向心力，形成竞争力，从而实现企业家的抱负。

2. 企业管理机制根植于企业文化

管理理念和管理方式根源于企业文化。一方面，企业的管理制度和规范是以企业文化为指导的，企业管理机制的构建离不开企业文化，企业管理体制的改良和提高也需要借助于企业文化的力量。企业管理制度要为实现企业的战略目标服务，同时企业的管理应该以企业自身的实际为依托，反映自身文化特色和业务特点，为员工所接受和认同，而这一切都需要企业文化的支撑；另一方面，企业文化是企业经营管理实践经验的总结，是企业通过在管理实践中酝酿，将企业的理念体系、行为规范等从日常管理中提炼和升华而形成的。因此，二者是相辅相成、互相结合的。

3. 企业文化对企业管理机制起着完善和推进作用

企业管理制度的建设和完善离不开企业文化，企业文化是企业的管理机制产生效力的润滑剂。只有企业广大员工包括企业各级管理者都认同企业文化，认同企业的价值观和理念体系，企业才能在团队中形成强大的合力，企业的各项制度包括企业的管理制度才能得到更为有效的执行。企业通过科学合理地运用文化建设可以推动、改善企业的管理。管理机制是由组织、岗位职责及其管理制度和规范等构成的，它具有刚性，它脱胎于企业文化，同时又是构建在企业文化基础之上的，靠企业文化来推动和润滑使其运转。

总之，无论国资国企、民营企业或混合所有制企业，都要坚持文化营造与经营管理相结合的原则。企业文化是一种新的管理理念，它是为提高企业管理水平，实现企业的战略目标，促进企业持续、稳步、健康发展服务的。企业文化建设只有紧密结合企业经营管理，才能产生强大的生命力。

第三节　企业文化生态理论

中国企业文化建设具体实践中，一些企业集团习惯主张建立"大一统"企业文化，即所谓统一思想、统一理念、统一标识等，凡能想到的都追求统一，但"同一"的集团文化并未在实践中达到预期的效果，其原因就在于缺乏企业文化生态理论的指导。

企业文化是一个生态系统，它包含两个方面的内涵。

一方面，企业文化作为社会文化的一种亚文化，是社会文化生态系统的一部分，它与社会文化生态系统的其他部分是有交叉的，是相互影响的。这种关系主要表现为社会文化对企业文化的影响和企业文化对社会文化的吸取。社会文化自身具有自我调节功能，同时也会影响到企业文化的自我调节。

另一方面，企业文化本身也是一个生态系统，它具有自己的层次和内在的上下游关系。不同层次的文化理念、价值观以及企业制度文化、行为文化、物质文化与其他因素构成了整个企业文化理念体系，不同层次的文化因素具有不同的作用，它具有自我调节、自我完善和自我更新的能力。

企业文化与整个社会政治、经济、文化是一种互动关系。与其他管理方法一样，企业文化的产生与发展都离不开一定的条件与背景。企业是在一定的社会环境中生存、发展的，企业文化是企业生存环境的综合反映。企业要获得生存与发展，需要时时关注外部环境的变化及所面临的机会与威胁，这样才能够不断地保持与所处的环境相互协调，从这个角度说，企业文化系统必须与社会和地区的政治、经济、文化形成良性互动，才能使企业文化系统"生生不息"。

在企业文化实践中，企业文化有这样的一个内部循环过程：在企业形成一个完整而又有层次的企业文化理念体系之后，这个理念体系又接着对企业的管理形成影响，即对企业的经营策略、管理制度、激励机制的制定与形成进行指导。而这种管理的实践活动必将对企业员工的行为形成指导与约束，反过来，企业的经营实践与员工行为又会为企业文化的理念体系在不同经营环境条件下的变革提供依据。

这个循环，形成了企业文化的自我调节与自我完善的过程，如图6-4所示。

企业文化是一个生态系统，企业文化应该是和谐共生的，应该是可以发展创新的，应该是具有自我调节功能的。它具有一定的稳定性，同时，又能够面对外界的变化和内在的要求做出相应的调整。

企业文化作为一种现代化管理手段越来越重要。尤其一些大型的企业集团，企业管理链的过长导致了企业集团难以把有效的管理延伸到基层中去，这就需要通过企业文化建设来加强管理的有效性。然而，在集团范围内的企业文化建设实践上，现在出现一种误区，即在集团范围内建设一种

第六章 企业文化重构的理论基础

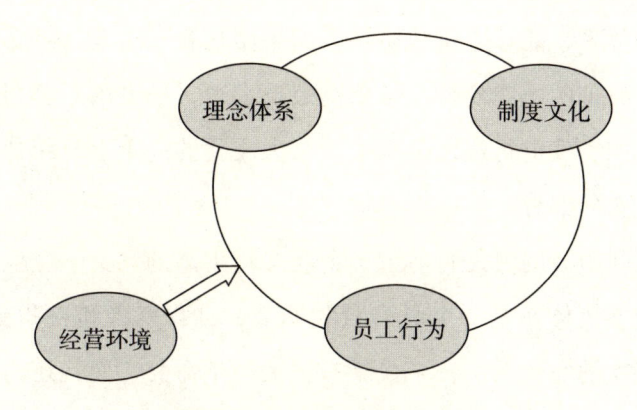

图 6-4 企业文化的生态循环

大一统的企业文化，但是，集团内不同产业、不同地域分公司或子公司，如果采取过于统一的企业文化理念，很容易在集团发展中造成僵化的趋势。

以山东华电国际电源开发股份有限公司（H 股、A 股上市公司）为例，华电国际公司目前参控股企业已达 12 个，以后随着公司发展速度不断加快和规模不断扩张，管理范围还会不断扩大，公司本身具有集团公司的性质。在一个单一化的企业里，管理不同利益相关者已经是很困难了，而在一个集团公司中，复杂因素又会进一步增加，每一个基层企业都有自己的利益相关者，都有自己独特的企业文化，而且通常都有自己鲜明的管理风格。不可能在全公司范围内建设一种大一统的企业文化，如果不同地域的分公司或子公司都采用过于统一的企业文化，就容易在公司的发展中造成僵化的趋势。因此，在企业文化建设中，华电国际着眼于建立"一主多元"的企业文化格局，坚持以本部为依托、以基层企业为基础的原则，在对各基层企业的文化进行适度整合的基础上，形成了共同的理念识别系统。在这个共同理念识别系统的指导下，允许并鼓励公司所属各单位子文化的培育、创造和个性发展。所属各单位子文化的成熟与健康发展，又成为公司企业文化向纵深发展的坚实基础。由此形成的理念体系，能够适应与协调公司集团化管理运营，符合企业文化建设和企业管理的内在规律。从更高层次来说，华电国际公司企业文化又是华电集团、发电行业乃至整个社会大文化的一个有机组成部分，而且是一个优秀的部分。

华电国际的案例为我们揭示了企业文化生态的含义。企业文化生态表明：企业文化体系是一个具有自我调节、自我完善和自我更新能力，具有不同层次的完整系统，不仅具有强大的生命力，而且还与其他文化体系相适应，互为依赖，和谐共生；其他文化体系不仅包括整个社会、地区的政治、经济、人文等，也包括公司各自内部的子文化，如图6-5所示。

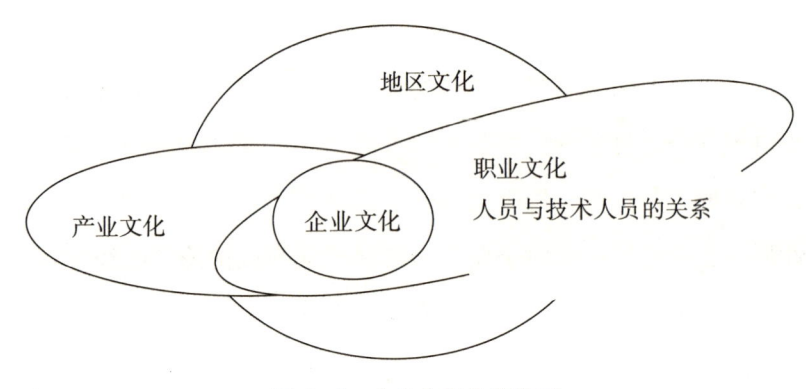

图6-5 企业文化生态体系

在企业文化生态体系中，仁达方略始终强调企业是一个有机的整体，企业所属各单位必须适应和服从企业的一体化管理，局部发展要服从整体规划，局部利益要服从全局利益；企业每一位员工必须自觉认同企业文化，并以其不断熏陶自己的思想感情，审视和约束自己的日常言行，坚持个人智慧服务于集体目标，个人发展与企业发展协调一致。

与此同时，企业文化生态体系并不排斥个性文化的存在。

对于一家区域性或全国性集团、实施"走出去"跨国经营战略的本土公司来说，不同地区、不同产业、不同子公司、不同职能部门或不同年龄段、不同学历的职员之间，会产生不同的子文化。

以华润集团为例，华润的主营行业包括零售、地产、啤酒、食品加工及经销、纺织、微电子、石油及化学品分销、电力、水泥等，分布在全国不同地区，集团整体要有能够包容不同自文化的大文化体系。华润的核心价值观是"实现股东价值最大化和员工价值最大化"，这是下属企业、产业的基本准则。啤酒行业和房地产企业不可能用同一种思维方式和行为方式，即使在华润啤酒内部，又有很多不同地区、不同规模的企业如哈尔滨的新三星，吉林的华丹，辽宁的沈阳、雪花，成都的蓝剑，合肥的零点以及浙江钱啤等，东北、西南以及华东地区的企业在思维方式、语言表达方式和行为方式上表现出不同的特点。

从跨国公司实际情况来看，大型跨国公司一直希望产生一个把公司作为一个整体来看待的全球文化，寻求一套统一的价值观、信仰、规则、制度、行动和行为，甚至着装。然而，实践证明，文化上的完全一体化是不现实的，很多跨国公司提出"全球思考，本土行动"的经营理念。这与仁达方略的企业文化生态体系中"一主多元，尊重个性"的理念相一致。

在中国经济市场化日益加深的今天，各类企业集团面临的竞争压力越来越大，现代企业制度下并购重组，要求以提升国有资本运营、资本全要素效率为核心，加强企业管理，转变经营机制，增强市场意识，突出服务观念，努力提高企业综合素质和市场竞争力。

企业文化重构就是企业文化在面对新环境和新形势下做出的调整，是在社会文化生态系统中的一种调节。同时，企业文化自身各个层次，包括价值观和理念等，也都会发生或大或小的调整，这就是企业文化生态系统进行的一种自我调节。

第四节　企业文化落地理论

2015年以来，仁达方略企业文化课题组系统理论与实践研究表明，卓越企业的核心价值观正聚焦于一些核心元素："以人为本""客户""创新""诚信""团队"。

美国301家顶级公司使命宣言当中：客户（customers）出现211次；团队（communities）、团体（team）、团队合作（teamwork）出现263次；创新（innovation）、原创性（initiative）等出现174次；诚信（承诺、可靠、信赖、道德准则等）出现192次；员工（employees、individual）出现236次。

不同企业给予人的文化感知是截然不同的。阿伦·肯尼迪说："对于局外人来讲，价值观的措辞听起来就像陈词滥调，只有组织内部的人员才能真正理解其中的哲理精髓。"

企业文化是一种实践，只有通过全方位的落地措施才能使文化处于受控状态。使价值观在表象层面得到确认，通过在表象层面的努力，促进企业成员之间对价值观和基本假设的共享。

借助"落地"理论这个概念，使企业文化重构安全落地。为了实现企业文化的落地，企业需要加强对新价值理念的宣传和灌输，并展开一系列结构性的整合，如组织结构的调整、经营机制的转变、组织流程的梳理、管控模式的强化、新的资源尤其是人力资源的开发、价值评价与价值分配体系的完善等。

符号能以所指事物表达所指事物之外的意义。对于没有宗教知识的人而言，"圣诞树"仅仅是一棵树而已，仅仅是一种有特殊形状的松树而已。但同一个词语，对于基督教徒而言则具有了松树以外的深远得多的含义。

著名心理学家荣格曾经考证过圣诞树的诸多意义，其中包括牺牲、生殖、复活、酒神崇拜、剑与血、复仇，等等。

传播符号主要有三种类型：言语类，包括神话、传说、故事、标语、笑话和流言等；动作类，包括仪式、聚会、饮食、休息活动和习惯等；物质类，包括方位标志、成果作品、标志物、奖励品、徽章等。价值观在组织的传播中，每一类符号都在发挥其特有的功能。

符号结构在企业文化形成中的意义已广为人们所接受。作为社会经济行为者的企业员工，通过各种形式的组织符号体系而积极参加企业生产经营的实践。调节和构成组织形成过程的规则、信念、态度和价值观，主要通过组织符号体系的使用而得以保持和再现。组织符号体系指的是一个组织的这些方面，其成员通过对它们的使用而显示或使组织中固有的无意识感情、形象和价值观能被理解。符号体系表达的是一个组织的基本特点、思想意识和价值观。在使这一特点被人理解的过程中，符号可以强化它或使它受到批评和修改。

传播是人们从事的帮助解释和影响其社会世界的符号活动。通过传播，人们从自己所处的环境中收集原始数据并把它们处理成信息，帮助人们理解复杂多变的现象并加强对生活的预测能力。

在企业文化落地实践中，有五种有效的传播形式：领导行为的传播、制度的传播、故事的传播、仪式和典礼的传播、英雄人物和劳动模范的传播。

1. 领导行为的传播

在企业文化建设中必须建立这种企业承诺：由企业家和高层管理人员制定组织的文化格调。这是因为所有的经理和员工都盯着高层的领导，以此获得线索，了解哪些行为是可以接受的、哪些行为是不可以接受的。

从高层开始，管理人员必须为其他所有人树立一个仿照的典范。由于高层管理人员有能力树立个人的榜样，有能力制定政策和规范，处于提供高度可见的角色典范的理想位置上，他们有权威和能力制定政策。这些政策可以是正式的或暗示的，这是任何组织任何领导岗位职责的一个重要方面。

2. 制度的传播

每一种制度背后都有其立法精神。价值观与立法精神一致时，制度将会有力量。缺乏制度保障的价值观是空洞的，缺乏价值观支持的制度是乏力的。

当价值观与立法精神不一致时，如果制度得到强制执行，则制度背后的立法精神就会成为真实的价值观，如果价值观被组织成员坚定认知，则制度就会形同虚设。

3. 故事的传播

作为组织生活某一特别方面而表达的、不断讲述的故事具有描述功能（提供信息和引起同感的体验）、能量控制功能（加强或减弱成员之间的紧张气氛），通过把该符号作为某些行动（兼并、裁员等）的理由使用而促进系统的维持。

企业文化在向员工行动的转化过程中，采取强行导入的方式往往收效甚微。通过把理念故事化、故事理念化，并进行有效的宣传，则会起到很好的效果。

4. 仪式和典礼

缺乏典礼或仪式，重要的价值观就不起作用，典礼之于文化犹如电影之于脚本。

精明干练的公司领导人在象征性行为方面花很多时间，他们主持晋升典礼，确保每个人明白晋升的缘由。

对公司工作生活中所有仪式进行和谐安排，从招聘、解雇、奖励和会议形式到书写格式、演讲方式以及退休仪式等，赋予文化以具体的有凝聚力的形式。

在有浓厚文化的公司中没有什么琐碎的事，这些公司对他们办事的方式和为确保正确方式而做出的努力而感到自豪，他们把仪式看作是文化力量的表现。

5. 英雄人物和模范的传播

企业中的英雄人物和模范代表是企业人才的体现者。英雄人物是价值观的人格化，并集中体现了组织力量所在，是一种强有力文化中的中枢形象。英雄人物在大方向上是成功的、正确的。英雄人物是坚忍不拔的，是能够把幻想变成现实的人。英雄人物身上体现着一种谋求企业不断取得成功的个人责任感。

企业文化通过有效的传播，转化为员工的感受与体验，但这还远远不够，企业文化还要在组织的各个层级上进一步推进。

企业文化在组织中传播与推进的方式有多种，但是，传播要确保包括足够的内容和范围，我们认为，企业文化的传播，要做到"四个贴近"和"四个进入"。

四个贴近为：贴近生产，贴近经营，贴近管理，贴近改革。

四个进入为：进入班子，进入班组，进入现场，进入市场。

以上的"四个贴近"和"四个进入"在实践中恰当地结合起来，涵盖了企业组织的生产与经营管理的各个方面。在这一过程中，企业文化传播推进可以分为五个阶段。

信息传达阶段。企业高层领导者要很清楚企业文化体系应该是什么，企业的一切行为都要遵循这一文化体系。

领导者要善于运用语言,善于"造句"。在向员工传达企业文化的过程中,表达方式要简洁、直接、清晰,而且要前后一致。公司发展的纪录片、演讲、关于价值观与战略愿景的研讨会等,都是较好的方式。

但是,有关口头沟通的研究显示,别人告诉我们的话,我们一般都只记得25%,而每个人对这25%的信息的理解又各不相同。与此同时,别人告知或劝说的价值观,人们能够从内心深处自觉地去恪守并执行者寥寥无几。这就需要有效的信息推广。

企业文化认同阶段。企业高层领导者不仅要自己清楚企业文化体系应该是什么,还要将这一企业文化体系推广到组织成员,说服组织接受这一企业文化体系。

在一个动听的关于企业英雄的故事讲述之后,领导者以为通过自己卓越的演讲能力将价值观传递给了员工。然而,员工是否买账呢?

领导者需要在故事讲述之后,与员工进行非正式的沟通讨论,通过这种讨论的反馈,可以发现有多少信息被员工认同、理解和接受了。

在这一过程中,老板、管理人员需要贴近基层员工,加强同员工的关系。领导一定要摘去自己的"官帽子",表达出自己的真诚,保持反馈渠道的畅通,让员工自发地投入,使员工觉得你和他们是一起的,使员工觉得这个价值观对他们的工作、生活和人生是重要的。

企业文化反馈阶段。企业高层领导者对于自己所信奉的、向组织传递的企业文化体系,在向基层推进之前,需要了解组织成员对此的反应。

这一过程可以借助外部的管理咨询公司或者专业的调研机构协助公司管理人员进行。通过深度访谈、问卷调查以及神秘顾客等方式,了解员工动态,询问员工在执行这一企业文化过程中出现的种种问题,讨论、研究,如有必要,对企业文化重新提炼和设计。

群策群议，共同协商阶段。企业文化体系在进一步传播之前，需要组织成员提供一些创新性的意见。

企业文化不是某个个人文化的体现，虽然企业家或高层领导者的价值观在组织中有更深的渗透，但是企业文化是企业全体成员的共有文化。在企业文化的提炼和升华过程中，管理者必须与组织成员进行深入的沟通、商谈，了解员工的真正想法。管理者可以采纳或者不采纳员工的建议，但必须倾听员工的建议。

共同合作阶段。企业高层领导者与企业全体员工经过合作，共同创造企业文化体系。

当人们为了自己内心所想塑造的未来而工作，为了自己内心所抱守的文化而工作，而不是为了讨好老板而工作时，这是每个老板都期待的时刻。

共同创造使组织中的每个人都具有创造力。每个人都涉及文化判断问题，特别是价值观判断问题。作为组织成员则必须要阐述清楚他们所认同的共有价值观：他们的工作目标是服务顾客，还是生产更好的产品，或者是服务于组织的其他成员？当整个组织能够指出他们的工作中最重要的意义何在时，对整个组织而言，也就产生了新的意义——组织的共有价值观。

走向具备愿景和价值观的成熟公司之路并不平坦。比尔·奥布莱恩领导的美国马萨诸塞州汉诺威保险公司花了整整12年的时间，研究和建立汉诺威的愿景、价值观和共同使命感。从1970年开始到1975年，公司业绩有了起色；到1982年，无论经济还是公司员工的表现，都毫无疑问地体现出了公司的价值观。对一般的企业而言，要达到这一步，需要更长时间的努力，然而，这仍不算结束，这项工作是永无止境的。

想象一下这种情景：

在一家大饭店的大厅中,来自不同部门、不同岗位的1000名员工一排排地坐着。公司总裁站在他们前面,他刚刚结束了45分钟的关于企业文化的演说。现在他环顾四周,对大家说:"如果你们想把这个文化变成自己的文化,并恪守这个文化,实现公司的愿景目标,请站起来说出你自己的承诺。"

刹那间,大厅里充满了兴奋的谈话声。紧接着,从第一排开始,仿佛千人涌动的浪潮一般,激动之情洋溢着整个会场,每个人都起立鼓掌,总裁和大家一起欢笑、喝彩、庆祝,但是他不再是众所瞩目的焦点,每个人的脸上都闪现着为彼此感到骄傲的光彩。

这是一个激动人心的时刻,但是这一时刻到来的背后,有着公司员工与总裁在过去长时间里所经历的无数个故事:所有组织成员在小型工作团体中商量,在下班后的聚会中讨论,甚至在彼此的家中聚会。他们谈话的中心是:无论个人还是团队,对建立价值观和实现愿景有什么样的贡献。这个企业文化的形成,凝聚了生产、经营、管理等各个环节的班子、班组成员持续不断的行动、学习和反思,是真正为所有成员所共享的企业文化。

另外,要将价值观的传播与推进制度化、实践化、教育化、奖惩化和系统化。企业文化的培育过程,从挖掘、提炼、传播到推进与发展完善,是一项系统工程。因此,企业文化的传播与推进必须作为组织的一项制度而坚持下来,通过制度约束和奖惩办法,在实践中,在生产、经营、管理和改革的各个环节中,在班子、班组、现场、市场等各个层级、各个方面,形成一个系统化的价值观的实践、学习和反思流程,并进行长期的智力投资和教育引导,使员工提高思想文化素质,领悟组织价值观的内涵,自觉地把个人的目标纳入企业目标的轨道,自觉地实现个体文化向企业文化的转化。

第五节　跨文化沟通理论

在中国本土企业走向集团化、国际化过程中，企业高层领导和相关工作人员如果缺乏跨文化交流和沟通的知识与技巧，各地区之间、各民族之间的文化差异会产生误会和不必要的摩擦，影响工作效率，增大内耗。驾驭文化差异是我国本土大型企业集团在社会主义市场经济体制环境下走向经济全球化时面临的巨大挑战。在21世纪，中国本土企业为了更好地生存和繁荣发展，个人和企业必须把文化的敏感性和技巧结合在企业管理和文化建设中，并应用在战略和组织结构中。

因此，在我国本土企业文化重构实践中，需要跨文化沟通理论和技巧的支撑。

在管理概念里，沟通能力属于领导力的范畴。沟通能力包括了解自己和他人的能力、激励他人的能力、说服能力、号召力、团队精神等，是软技能。在西方，跨文化沟通已成为一门跨领域的新学科，也是世界一流国际商学院的必修课。

跨文化沟通学

"跨文化沟通学"作为一门新兴的学科在语言学和语言教学界受到越来越多的关注。学者们对跨文化沟通的各个层面展开了研究，并取得了大量的成果。

首先是对文化差异的研究。文化差异没有改变沟通的普遍性质，但是，文化因素的介入却增加了沟通的复杂性和困难程度。从人类学家卡尔维罗·奥伯格（Kalvero Oberg）使"文化冲击"（cultural shock）一词大众化开始，文化差异一直是人们关注的重点。这种关注是从两个不同的层面展开的：一方面，是对不同国家、民族、文化体系间的文化比较，比如东西方文化差异、中美文化差异、英美文化差异等；另一方面，为了有效地进行上述文化比较和分析，学者们从千差万别的文化中提取了一些比较重要的维度。比较著名的如霍夫斯塔德的四文化维度，莱恩和迪斯特芬诺的六文化维度，以及斯特罗姆·佩纳斯的五文化维度。

其次是对文化差异如何影响沟通的研究。1981年，萨姆瓦等人曾提出了跨文化沟通的模型。形象地描述了信息经过不同文化成员时，原始信息的内涵意义发生的改变。

在这个模型中，不同图形表示不同文化；与文化图形相似的较小图形表示受到该文化影响的个人，两者的差异说明个体的形成还受文化之外的其他因素的影响；信息图案与个人图案的一致性表示，当信息离开它被编码的文化时，它包含着编码者所要表达的意图。但是，当信息到达它将被解码的文化时，解码文化的影响也变成信息含义的一部分，原始信息的内涵意义就被修改了。文化越相似，解码的结果与编码时的内涵意义就越接近。

文化差异对沟通的影响的进一步具体化，是借助于 D. Hymes（1974）提出的沟通事件（communicative event）的分析框架来进行的。总的来说，文化差异对沟通参与结构（participation structure）的每一个方面都产生影响。沟通参与结构总体归纳为八大项，由"SPEAKING"一词的八个字母来分别代表。

S：Setting 和 Scene，即背景和场合。P：Participant，即参与者。参与者的年龄、性别、种族、职业、社会地位、出身背景等特征和因素，在具体的交际活动中对沟通的影响。E：Ends，即参与者个人的交际目的，包括按惯例（即社会文化约定）所期待的结果（outcome）和各参与者的个人目的（goals）。A：Act sequence，即交际行为顺序，包括信息的内容

（话题）与内容的表述方式和形式。K：Keys，指基调，包括说话的语气、表情、姿态等。如认真的、嬉戏的、夸张的或嘲讽的、不动声色的或带有某些感情色彩的等。I：Instrumentalities，即媒介和渠道，主要是指信息传递使用的是哪种语言或语言变体（如方言、语域等），是口说还是书写。N：Norms，主要指人们交际时言语行为所必须遵循的各种规约。具体地说，就是交际参与者"什么时候该说话，什么时候不说，说的时候说什么，对谁说，什么时候、什么场合、以什么方式说"等。G：Genres，即体裁，指交际活动中话语的类型，如诗歌、寓言、神话、祈祷、笑话、谜语、诅咒、演讲、书信、评论、公告等。

最后是对跨文化沟通技巧的研究。参与结构是文化对交际的不成文的规定，交际双方不一定都了解对方文化的参与结构，甚至对自己文化中参与结构的具体状况也可能并不清楚。这就需要交际双方对交际中的不确定性有更强的心理承受能力，对"异常"情况持更为宽容、开放、灵活的态度，同时要善于运用各种沟通技巧来应付和解决问题。这些技巧包括：预设差异，避免文化中心主义，忍受模糊，处事灵活，幽默感和具有冒险精神等。

以上的研究对我们进行跨文化沟通提供了很好的指导。但是，在实际中我们仍然会碰到这样的情况：跨文化沟通参与者了解了彼此的文化差异，并且在沟通中也从各个方面尊重了这些差异，但是对差异的尊重不但没有使沟通顺利进行，反而引起了另外的问题。

一位中国教授到外教家里做客，进门以后，外教问教授是否要喝点什么，教授并不渴，回答说不用了。外教又一次要教授喝点什么，教授又一次地谢绝了。外教说："我知道你们中国人的习惯，你们说'不'的时候是希望对方能够再一次提出来。没关系，喝吧！"教授回答说："我也知道你们美国人的习惯，当你们说'不'的时候，就代表直接拒绝了。我是按照你们的方式回答的。"

显然，在上面的情景中，沟通的障碍并不在于对文化差异的忽视，相反，甚至可以说正是双方对彼此文化差异的重视反而导致了问题的产生。可见，成功的跨文化沟通要求我们不但要了解彼此的文化差异，还要求我们了解文化差异在沟通中的作用机制。

文化差异对跨文化沟通的影响机制

进行跨文化沟通时，可能出现三种情况：完全陌生；有一定了解，但过于简化或不准确；比较全面的理解。在这三种情况下，文化差异可能影响沟通的方式是不同的，分别表现为文化迁移、文化定式和逆文化迁移。

1. 文化迁移

文化迁移指跨文化沟通中，人们下意识地用本民族的文化标准和价值观念来指导自己的言行和思想，并以此为标准来评判他人的言行和思想。

一位美国人在秘鲁子公司担任生产经理，他坚信美国式的民主管理方法能够提高秘鲁工人的生产积极性。他从公司总部请来专家对子公司各车间的负责人进行培训，教他们如何征求工人的意见，并对其中合理的部分加以采用。可是这种民主管理方法推行不久，秘鲁工人就纷纷要求辞职。

原来，在秘鲁以及整个拉美文化中，人们敬重权威，下属不仅服从上司，而且还把上司看作自己的主人，并希望上司对自己的生活负责。工人们认为，征求工人的意见是上司自己不知道该做什么，反过来问他们。既然上司无能，公司就没有希望，不如提前离职，以便及时找到新的工作。但是生产经理对此不甚了解（或出于文化中心主义），以美国人崇尚个体主义、参与意识较强的观念去揣度秘鲁的员工，导致双方沟通的失败。

人们（有意或无意地）用自身的价值尺度去衡量他人的心理倾向是比较普遍的。一个人从孩提时起，就开始学习本文化群体的行为和思维方式，直到内在化和习惯化。从一种文化的角度看，假定另一种文化能选择"更好的方式"去行事似乎是不合理的。因此，对各民族来讲，常会把自己的文化置于被尊重的地位，用自己的标准去解释和判断其他文化的一切。极端之时还会表现出"己优他劣"的倾向，僵硬地接受文化上的同类，排斥文化上的异己。

发生文化迁移的主要原因在于对文化差异的不了解，在这种情况下，文化迁移是一种无意识的行为；文化迁移也可能是有意识的，这主要是由于文化中心主义。了解不同文化、价值观念取向的差异是消除文化迁移的必要前提。只有了解不同民族的文化习俗、信仰、价值观及它们的内涵，才能真正完成思想感情的交流。

实际上，尽管文化上存在先进和落后之分，但是任何一种文化都有其自身的独特价值，这种价值是与其特殊环境相匹配的，一种文化现象的产生、存在和发展是与人们生活的具体历史条件相联系的。成功的跨文化沟通要求我们必须培养移情的能力：在传递信息前，先把自己置身于接受者的立场上；接受信息时，先体会发送者的价值观、态度和经历、参照点、成长和背景。设身处地体会别人的处境和遭遇，从而产生感情上共鸣的能力。

除了避免文化中心主义外，预设差异也是避免文化迁移的重要方法。即在没有证实彼此的相似性前，先假设存在差异，提高文化敏感性，注意随时根据文化因素调整自己的观察角度。预设差异从本质上来说就是要保持思想的开放性和动态性。一定的现有观念固然是我们认识事物的基础，但是预设差异要求我们必须首先将这些现有观念当作一种假设，而不是真理，必须仔细评价接受者提供的反馈，并随时根据实际情况对它们加以修正。

2. 文化定式

定式也称作定型（stereotype），是由 W. Lippman 在《大众舆论》（1922）中首先采用的术语，指的是人们对另一群体成员所持有的简单化看法。文化定式可能是由于过度泛化而导致，即断言群体中的每一成员都具有整个群体的文化特征；也可能是由于忽视文化具有动态性和变迁性而引起。

例如，以前许多学者认为汉英语言在称赞应对方面存在着极大的差异。认为中国人崇尚谦虚，喜欢否定别人对自己的称赞来显示自己谦逊的一面。许多人在提到汉语中的称赞应对时，总是习惯性地将"哪里，哪里""过奖了"作为典型的应对方式。这种认识可能会在两种情况下引起误解。首先，并不是所有的中国人都采取这种应对，因此碰到"不谦虚"的应对可能就会不理解。其次，尽管以前的研究结果表明中国人比较倾向于拒绝别人的称赞，但是最近的研究结果却表明中国人在这方面已经发生了很大的变化。尽管会在接受的同时，还是会尽量避免显示出自我称赞。

由于个人信息处理能力的有限，为了帮助不同文化的人们相互了解，就必须概括文化差异，建立某种文化定型，从这个意义上说，一定程度的文化定式也是不可避免的；然而这些定型对于差异的"过分概括"或"标签化"又可能人为地制造屏障，妨碍文化间的交流和理解。这并不是说文化定式总是错误的，文化定式中通常蕴含着许多准确的文化观察。但是文化定式很容易以期待文化的形式影响我们对文化现象的理解。"人们看到他们所希望看到的"，人们不但更容易被符合我们期望的东西所吸引，并且往往会对事物做出符合我们期望的解释。

文化定式可能将我们的认识局限于一个或两个凸显的维度，妨碍我们对其他同等重要方面的观察，使我们对客观存在的差异浑然不觉，从而导致跨文化沟通的失败。研究显示，各个领域的专家与该领域的初学者不同，并不在于专家忽略了脚本和原型的作用，而在于他们通过与该领域的人和事的长期接触，从而形成了更为复杂具体和准确的脚本和原型。即问题不在于是不是从一开始就能避免定式，关键是如何不囿于定式，意识到自己现有的认识可能存在的非完备性或可错性。在交往实践中不断获得更为全面准确的观察。

3. 逆文化迁移

文化差异是导致跨文化沟通出现障碍的主要因素。因此，尽可能全面地了解文化差异是人们关注的重点。但是了解了对方的文化特征，也不一定就会避免障碍的产生。

下面举例来说明沟通的过程。

A、B是交往的两个主体，A的思想假定为思想1，B的思想假定为思想2，显然，完美的沟通是实现思想1和思想2的完全一致，但是思想本身是不能传递的，它必须以符号为中介。这样，只有沟通双方对同一符号做同样理解，既A的编码规则＝B的解码规则时，思想1＝思想2的情况才可能出现。

文化差异从沟通的角度来讲，也就是对符号编码或解码规则的不一致。静态地来看，在一次具体的沟通过程中，如果双方对对方的文化都一无所知，显然会出现以己度人的情况，"误把他乡做故乡"，发生文化迁移，即在未证实A的编码规则＝B的解码规则一致时，假定了思想1＝思想2；但是如果双方都对对方的文化很了解，并在假定对方编码或解码方式不变的前提下，去适应对方，即发送者A将自己的编码规则调整为B的，同时接受者B也将自己的解码规则调整为A的，编码和解码规则不一致问题只是换了一种方式存在；只有当其中的一方编码或解码方式不变，另一方主动适应同时采用 A 或 B 的, 或者双方共同商定采用新的规则 C 时, 沟通才可能顺利进行。

前文中国教授与外教的对话就属于第二种情况, 很明显, 障碍的起因不在于沟通双方对文化差异的无知或忽视, 而在于沟通双方同时放弃了自己的立场, 而采取了对方的立场, 使编码与解码方式出现了新的不一致。这与文化迁移很相似, 但是却以反向的形式出现, 因此称之为逆文化迁移。

在实际沟通中, 上面几种问题常常会同时出现。比如, 在具体实施跨文化管理之前, 管理人员通常会接受相应的异文化培训。经过这种文化培训, 他们对异文化有了一定程度的了解。在头脑中建立起一种在培训基础上形成的他们所认为的该文化, 即期待文化。由于这种了解通常是比较简单的, 因而在沟通中就可能出现文化定式; 同样这种了解也不可能是面面俱到的, 因而在差异意识的空白处, 管理人员还是会有意无意地受到原文化的影响, 产生文化迁移; 随着管理人员与员工互相了解的深入, 出于真诚沟通的愿望, 他们很可能会互相体恤, 但是如果不能就彼此的参与结构达成一致, 那么就可能出现逆文化迁移的状况。

应该提到的是, 单独了解文化差异的作用机制, 并不会对跨文化沟通产生帮助。只有在了解了文化差异作用机制的前提下, 一方面在实际过程中不断加深对文化差异的了解; 另一方面在沟通过程中保持问题意识, 综合运用各种沟通技巧, 不断地化解差异, 才会不断推动跨文化沟通的顺利进行。

第六节　企业文化融合理论

C. 罗伯特·鲍威尔说:"是不相容的企业文化而不是别的什么东西使

得好的企业战略遭到了破坏。但是，如果说我从过去3年多的时间里能学到点什么的话，那么就是改变战略要比改变文化容易得多。"

国有经济战略结构布局调整，是2016年国资管理体制，深化国有企业改革的一项重大措施。通过收购兼并、重组上市、关闭破产等多种形式，国有经济布局和结构调整取得了积极进展，成效已经显现。

并购后企业战略框架的制定、业务的整合、并购后整合的管理和对企业内外部的沟通都影响着企业并购的成功。而企业文化整合又是在并购后整合过程中最困难的任务，因为文化的整合涉及对人的思想和行为的改变。

关于文化冲突与融合的一些概念和命题

1. 文化互化（Transculturation）

文化互化是指相互的或双边的文化涵化，也指两个当事的文化群体彼此影响的文化涵化状况。这个名词是奥尔提孜（F. Ortiz）于1940年提出来的，他把这一名词当作如上面所提出来的那种意义去使用，但是却又希望以它来取代"文化涵化"。他认为"文化互化"一词更能表达从一种文化转变为另一种文化的过程中的不同情形，因为这不仅包括获得另一种文化（这也就是文化涵化的真正含义），而且其进行也必须包括原先那种文化的丧失或灭绝（这可以解释为"文化萎缩"）。另外它还含有引起创造新的文化现象的观念，这可以称作"文化更新"。马林诺夫斯基（Malinowski）在介绍以上引用的奥尔提孜的书的序言中，对这种意见表示赞成，它所表示的一种转变是：双方都是主动者，每一方都献出了它的一份，而且每一方都变成了一个新的文明实体。然而，如贝尔斯（Beals）所强调的，不管马林诺夫斯基的热情如何，但"我们在它的任何著作中都找不到他对文化接触时相互影响方面所作的认真考虑"。

2. 文化抗阻（Cultural Resistence）

文化抗阻指一个民族对于外来的信仰、思想及行为等模式的接受与否。这个概念对于讨论"涵化"及"传播"有重要的意义。

3. 文化没落（Cultural Decline）

"文化没落"一词指当两种不同性质的文化相遇时，在文化中发生的文化没落现象。文化没落的理论自从被较新的"文化涵化"及"文化接触"的观念取代以来，便不再被人们所提及了。

4. 文化取代（Cultural Substitution）

文化取代指一种文化的部分或者全体，代替另一种文化的过程。文化的取代是一种文化变迁的过程，在对变迁的分析中，很多研究者兴趣集中在新文化项目发生的方式上，而较少注意新旧之间的关系。因此，有关文化变迁的讨论常提及的是发明、传播和涵化，而非文化的取代。这种强调反映了文化变迁的一项基本原理，即替换、修正和代替，这是生物演化变迁的特点，而人类的文化变迁则是积累的增加。

克娄伯（Kroebe）把取代当成一种不需加以界定的基本概念，而把替换和移植当作同义语适用。他不否认文化取代的发生，因为明显的新文化元素有时会取代较旧的，但他坚称"移植经常会是部分的，较旧的文化元素虽然已在范围上缩小，并且变得非常特殊化，但它们依然是存在的"。

5. 文化整合（Cultural Intergration）

文化整合可界定为一种文化变为整体的或完全的这样一个过程；或者一种文化为整体的或完全的一种情态。此种情态被认为：①在各种文化的意义中的一种逻辑的、情绪的或者美感的协调；②文化规范与行为的适合；③不同成分的风俗及制度彼此之间在功能上的相互依赖。此一术语和"社会整合"一词，即使在意义上并非完全相同，至少也是部分重复的。

在使用这一术语的每一实例中，都承认带有"整体"或整体大于部分之和的意味。在人类学中，"文化整合"一词至少在其基本关系的范围内具有三种个别的意义。

它是用来指涉"协调倾向"的。有关的协调，"如果一种文化的元素为了自身的完全显露，需要把其他元素也显露出来时，则文化组织在这方面的整合就会出现"。任何一种"功能论"，在本质上都是强调文化或社会行为的各种不同部分之间的相互关系的研究，与各种历史方法对比看，功能论是缘于文化整合的基本前提，而历史的方法则"倾向于把单体的文化看作不相关特质之集合，其来源和历史是各不相同的"。

与其他诸家之说并不冲突，但意义有所不同的，就是所谓的文化整合。文化之整合即是"形成模式"。这在若干文化中的表现乃是一个主要原则或是"文化模式"。"一种文化之中常有许多具有特征的目的，那些目的并非其他类型的社会所必有。为了遵循这些目的，每一民族都致力于加强它的经验，且在这一需求的压迫下，使庞杂的行为采取一种比较协调的形式"。"缺乏整合是某些文化的特征，犹如另一些文化有极端整合的特征一样"。

对许多作者而言，文化的整合就是一种过程，在此过程中文化体系固然与时俱变，但它也维持着一种文化。通常有三种反映方式：创新的选择；一种文化项目的形式、功能、意义或用途的修正，使之能充分适应该文化；文化体系本身在某一特点上对新用途的适应。

6. 文化漂移（Cultural Drift）

文化漂移是指一个文化体系内部变迁的一种过程，而此文化体系是由文化中的小型变迁的无意识选择所构成的。这种小型变迁具有积累性，并倾向某一特殊的方向。文化通过把若干限制加在进一步改变的可能性上，为估计特殊文化变动的意义提供了一种基础，也为化解文化的抗力及对内外革新的容忍性提供根据。

这一术语虽然很重要，但并未被人类学家普遍使用。这个术语首先是在语言文字方面，之后推广到文化的其他领域。

对文化体系的主要属性有各种不同的看法。绝大多数系统而又确切的陈述都是着重某一属性，因此形成了许多相互补充却并不矛盾的要点。

通常着重点放在文化体系中具有"界限保持"上，其界限保持的能力，就是保持该体系与周围环境有别。

和界限保持密切相关的，是"体系自主"这一个概念。体系自主指文化体系自给自足，它与其他体系之间无须互相补充、互相交换，没有从属或其他不可缺少的联系。文化体系的观念中偶尔也有指挥或计划的概念。比如，认为一种文化是一个源于历史、为生存而设计的明示的及暗示的体系，它是一个特定的团体所具有的。

企业文化融合的原则

美国学者弗兰西斯说："你能用钱买到一个人的时间，你能用钱买到劳动，但你不能用钱买到热情，你不能用钱买到主动，你不能用钱买到一个人对事业的追求。而这一切，都可以通过企业文化而争取到。"

人的最大特点就是认同与抗阻。认同，与管理者合作，企业就能成功，就能取得好的效益；如果不是认同，而是进行反抗，或者说是抗阻，企业就难以成功，也难以取得好的效益。利益与目标会使人认同，但人的自尊又会使人产生抗阻。

从管理实践的角度来说，管理的范围包括事与人两个因子。事的因子主要是指企业的发展战略、业务流程、组织结构等，而人的因子即人和人之间的关系，它的范畴则主要是企业文化层面上的东西，但企业文化并不完全就是人和人之间的关系，它还包括了人对事的态度、做事的方式等。把管理和文化有机地结合起来要处理的就是人与事之间的关系。

从理论上讲，通过兼并与收购后的重组和整合，把组织系统、运行程序和操作步骤等有机地结合起来，有助于集中资源、产生协同效应、提高效率和节约成本。但是，金融家们和并购热情高涨的经理们却容易忘掉一点：企业目标的实现，是由人来完成的。如何协调"人与事"之间的关系，如何发挥来自具有不同文化背景的员工的积极性和团队精神，是摆在并购整合中的一个难题。

前面提到了文化整合，但其实"整合"这个词用得并不十分确切，更确切的词应该是"融合"。从字眼本身来说，人们更容易接受"融合"，而不是"整合"。从管理的角度，"融合"比"整合"更具有艺术性。"融合"一词经常被用来定义为具有不同的哲学、思想和工作方法的经理们在处理各种不同的企业和社会问题时，而能使一个企业变得更有内聚性的神奇的研钵。完美的和谐存在于那些企业与其每一个利益相关者的主要目的一致——或至少是相容——的地方。

文化是一个群体在一段时间过程为解决他们在外部环境中生存和内部整合过程中遇到的问题而学到的东西。这种学习是行为、认知和情感的并发过程。文化的最深层含义是对于组织在决定性的最终感情、态度、认可的价值观和公开的行为在感知上、语言上和思想上的一种认知行为。

组织文化可以定义为：在组织学习应付外部适应和内部整合问题的过程中，被给定的群体所发明、发现和发展的，组织基础信念的一种模式，它运作良好，被认为是有效的并且和因此被作为处理这些问题的感知、思考和感觉的正确方式，传授给新的成员。因此，一种文化的力量和内部一致性是群体稳定性、群体存续的时间、组织学习实践的强度、学习发生的机制（例如，正面强化或者避免犯错）以及群体奠基者和领导者所持信念的清晰程度和力度等因素的函数。一旦群体拥有共同的信念，这种感知、思考、感觉和行为的无意识的模式就会提供意义、稳定性和安全感。企业文化深深根植于组织的历史之中，并且会受到企业员工的信赖，因而它很难被改变。企业文化作为企业行为的指导力量，可以从日常事件和员工行为中明显看出，新成员将被鼓励去信奉它。当进行公司并购整合时，两种不同的文化突然发生碰撞，就容易引起矛盾。

克雷夫廷（Krefting）和弗罗斯特（1985）说："我们相信，通过管理文化来改变一个组织的努力会产生积极的而不是强加的结果，这样的努力产生的结果同样是有决定性的。由于文化管理的某些后果是无法预料的，因此组织文化的管理过程含有风险。在单一的组织环境中出现多重次文化时，面临的挑战会变得更大。因此，对文化的管理应作仔细考虑，实施应谨慎。"

并非所有兼并都需要进行文化融合。通常有两种形式的收购：战略型和财务型。只有战略型收购才会把目标公司的文化融合到一个现存的实体中。在企业文化融合的管理中，成功的企业一般都坚持求大同、存小异的原则，在使命、愿景与价值观方面建立彼此之间的相互信任，特别是合并公司的领导要通过实际行动来取得公司核心团队的信任。这需要领导者在主观上重视企业文化因素，并想办法了解各自原有团队的企业文化，并在组织结构、制度和流程方面进行适度的变革，仁达方略认为企业文化融合管理中应注意如下基本的原则：

（1）强加一种不需要的文化并不是一个解决的办法。要建立一套和谐的企业文化更加困难，但是从长远来看，它会取得更佳的效果。

（2）在合并初期就制定文化融合的策略。决定是否想维持原有的任何一方的文化，还是更愿意建立一种融合的文化。

（3）诊断、评估、分析并描述现有的文化。比较双方文化的异同点，这样就可以区分出沟通中发生的文化障碍、文化差异及其他问题。

（4）判断新的文化在合并中所扮演的角色。确定为何需要一种特定的文化，以及从这种文化上将得到什么。

（5）在双方之间建立"桥梁"。为了增进相互之间的了解，互相协作是最佳的方式。

（6）为新的文化建立一套基本的体制。包括奖励、认可和考核体系。

（7）要有耐心。人们需要时间来接受新的企业文化这个事实。

第七节　案例研究：中国大唐企业集团文化重构

一、公司基本情况

中国大唐集团公司（以下简称大唐集团）是中国五大发电集团之一，总资产7000余亿元，是国资委管理的特大型国有企业。大唐集团注册于2002年12月29日，在过去十几年的发展中取得了辉煌的业绩，也曾经跌入低谷，在艰苦中挣扎。大唐集团注册资本金为人民币153.9亿元。在2002年组建到2010年的第一个八年战略期中，大唐集团获得了快速的发展，在仁达方略协助形成的"同心文化"指导下，集团上下一心，攻坚克难，实现了进入世界500强企业的战略目标，并一度成为亚洲最大的发电集团。

二、项目背景

集团公司经过十几年的发展，无论是外部环境还是自身的资源、能力都发生了重大的变化，与集团公司组建之初大有不同。在过去的发展中，同心文化是集团公司重要的精神动力，是大唐梦想的思想支撑，有其特有的历史阶段性。实践证明，只有创新、发展同心文化，为大唐文化注入新的内涵，才能切合大唐集团不断变化的内外部环境，有效助推大唐集团的改革发展。正是基于企业文化需要不断创新发展的客观规律、大唐集团在新形势下面临的新环境、新任务，大唐精神的创新已经势在必行。

2012年下半年，以陈进行为董事长的新领导班子审时度势，对大唐文化深入反思，并提出了创新发展的需要。2013年6月，大唐集团与仁达方略公司达成合作，对"同心文化"理论及理念进行全面的创新和变革。

三、设计方案

仁达方略对大唐集团十年的发展进行全面系统的分析评估，对国内国际经济社会发展趋势进行科学判断，并对大唐集团主要管理者的管理思想、10万大唐员工的集体诉求进行了总结分析，在此基础上帮助大唐集团明确了新时期的大唐精神——务实、奉献、创新、奋进。其中务实是大唐集团的精神基石，奉献是大唐集团的精神境界，创新是大唐集团的精神动力，奋进是大唐集团的精神追求。

务实是大唐集团的精神基石。务实强调集团公司要在"价值思维，效益导向"核心理念指导下，求真务实，尊重规律，尊重实际，实事求是作决策、抓管理、定措施，用科学发展观去分析、研究、解决企业发展中的问题。务实要求大唐员工真抓实干,谋实事、出实招,抓落实、求实绩,确保良好的工作效率与工作质量。

务实精神具体体现在:①建立良好的体制机制,保障决策科学、方向正确;②尊重事实,通过深入的调查研究,全面掌握企业发展的关键成功因素;③坚持"价值思维,效益导向",将思想和行动集中到集团公司整体的价值创造和效益提升上来;④透彻理解企业存在的价值和意义,按客观规律办事,不浮夸冒进,摒弃形式主义、官僚主义;⑤工作中要目标明确,计划周详,过程严谨,执行到位,质量可靠,务期必成;⑥细心专注,精益求精,持续提升。

奉献是大唐集团的精神品格。奉献是集团公司与生俱来的使命和责任,强调集团公司要积极担当对党、对国家、对社会、对员工的责任,保障国家能源安全,满足社会发展对能源的需求,保护和推进生态文明。奉献要求大唐员工具有以国为重、服务社会的爱国主义精神和以企为家、勇于担当的责任意识。要保持高度的使命感与责任感,顾大局、做贡献,讲执行不讲困难,讲奉献不讲条件。

奉献精神具体体现为:①集团公司要对党和国家负责,发挥好中央企业在国家经济、社会、政治发展中的中流砥柱作用;②成员单位要有担当,同心同德,同行同向,心往一处想,劲往一处使,急集团之所急,想集团之所想,与集团公司保持高度一致;③企业以人为本,尊重员工、爱护员工、善待员工,以广阔舞台发展员工,以细致入微的关怀凝聚员工,让广大员工共享企业发展的成果;④员工要以高度的"主人翁"责任感,心系企业,忠于事业,珍视岗位,恪尽职守,遇到急难险重的工作,敢于冲锋在前;⑤领导干部要牢记权从何来、权为谁用,做到吃苦在先、享乐在后,敢于负重、勇于担责,力戒享乐主义和奢靡之风;⑥集团公司成员企业之间、员工之间要发扬"传、帮、带"的优良传统,发挥协同效应,追求共同进步。

创新是大唐集团的精神动力。创新强调集团公司要主动应对内外部环境变化带来的挑战，在继承优良传统的基础上，冲破旧思维、打破旧格局、突破旧技术，持续推进管理创新、制度创新和技术创新。创新要求大唐员工善于学习、勇于超越，主动接受新思想、探求新思路、发掘新方法，积极推进一切有利于集团公司发展进步的创新。

创新精神具体体现在：①辩证看待历史经验与固有理论，既要继承和发扬好做法、好传统，又不拘泥于既定模式和既定方法，敢于打破常规，勇于否定旧模式、旧方法；②倡导全员创新，强调企业各级负责人带头提升创新动力和创新能力，健全创新机制，做好创新的组织领导工作；③创新源于学习、成于实践，要大胆将想法、看法与工作中的具体做法结合起来，让创新成为习惯；④密切关注企业内外部环境的变化，始终保持危机感和敏锐度，保持创新动力；⑤既鼓励整体经营模式和经营策略的创新创效，也不忽视任何微小的创新与改变，有时伟大的创新正是始于细微的变化；⑥允许创新带来的失败，但要建立相应的风险防范机制，减少不必要的创新成本。

奋进是大唐集团的精神追求。奋进强调集团公司要坚持正确的发展方向，坚定理想信念，凝聚全体员工的智慧和力量，始终保持奋发有为的精神状态和艰苦奋斗的作风，心无旁骛、积极进取、奋发图强，力争早日达到"四强四优"，成为国际一流综合能源企业。奋进要求大唐员工常怀忧患意识、危机意识，以只争朝夕、时不我待的紧迫感和责任感，以愚公移山的坚定信念，创业不息，奋斗不止，积小胜为大胜，积跬步以致千里。

奋进精神具体体现为：①以国内领先和国际一流为企业目标，查找差距，持续改进；②在集团公司总体战略目标引领下，不断追求更高的团队目标和个人目标，努力做最好的，做到最好；③资源和时间有限，应发挥最大的能力和才智，抢抓机遇，勇担重任，自我加压，乘势而上；④拥有挑战客观困难的勇气和永不退缩的执着，为实现目标不断努力；⑤不断优化工作细节，提高工作质量，精益求精，做任何工作都具有精品意识、成本意识、效益意识；⑥敢于自我否定，重视矛盾分析，从问题中谋求更优方案，在奋进过程中坚持回顾总结和改进提高。

四、方案实施步骤

企业文化建设是一项系统工程。要紧密结合全行发展战略，按照统筹规划、分步实施的方针，分阶段、有步骤地推进同心文化创新提升工作的持续、深入开展。大唐集团同心文化的改进和建设，主要按照全面规划、分步实施的原则，分三个阶段来展开。

第一阶段，同心文化创新与提升阶段。

秉持"价值思维，效益导向"核心理念，全面梳理、创新提升同心文化理论体系，推出新版《同心文化手册》、制定新版《中国大唐集团公司企业文化建设指导意见》以及未来三年同心文化战略实施规划，健全企业文化建设组织机构，丰富企业文化建设载体。

第二阶段，新版同心文化的学习和传播。

集中开展新版《同心文化手册》的宣传推广和教育培训，在集团范围内全面更新企业文化宣传文本，使理念表述普遍认知、理念内涵普遍理解，形成共同的企业文化语言。在提及大唐文化时，全集团有共同的概念、共同的认知和共同的理解，从而使集团公司全体成员的思想凝结到"价值思维，效益导向"中，实现整体的价值创造力。

第三阶段，新版同心文化的调试和固化。

进一步加强学习培训和传播，增强员工对同心文化理念的认知及理念内涵的融会贯通。将从集团上下收集来的典型事件和寓意深刻的经典故事，按照反映不同层面和方面的理念，分类整理，汇编成册，进行广泛宣传。贯彻执行选定的企业文化仪式活动，丰富仪式活动载体内容，扩大仪式活动的影响。

五、集团公司发展现状

新版大唐精神是大唐集团当前及未来相当长时期内经营发展的重要精神支撑。新版大唐精神为大唐文化注入新的内涵，切合大唐集团不断变化的内外部环境，有效助推大唐集团的改革发展。

截至2014年年底，中国大唐集团公司在役及在建资产分布在全国30个省区市以及境外的缅甸、柬埔寨等国家和地区，资产总额达到7357.88亿元，员工总数逾10万人，发电装机规模达到12047.96万千瓦，是组建时的5.05倍。自2010年起，集团公司连续6年入选世界500强企业。

第七章
企业文化重构的主要内容

基于仁达方略企业文化总模型，企业文化重构应该从愿景与战略、价值观与运营理念、企业伦理与道德、制度与规范、企业形象等几方面入手。这些内容涉及企业文化的各个层面，构成重构企业文化的完整内容体系。

第七章 企业文化重构的主要内容

第一节　愿景与战略

企业管理成功的关键在于如何发挥组织能量从而取得成功，这需要从试图说服那些参与人员接纳新的战略开始，也取决于企业成员能否在企业的前景问题上达成一致，最好的方式就是规划共同愿景。在我国面向全球化的社会主义市场经济体制环境下，企业的战略和愿景都将发生根本性变化。

清晰规划企业愿景

明确的企业愿景给员工以目标和希望，告诉大家未来将是什么样子，同时也给了员工们方向，告诉大家应该朝着什么样的方向努力。集团类型不同，企业愿景也是不同的。对于电力集团来说，愿景可以是成为有影响的能源供应商；对于发电企业来说，愿景可以是成为低成本的电力供应商；对于供电企业来说，愿景可以是为用户提供最经济的电力和最优质的服务。

准确战略定位

社会主义市场经济体制下，无论本土国资国企、民营资本企业，都要正确认识自身在国民经济发展中的战略定位，特别是那些关系国民经济命脉、关系国家能源安全、关系社会稳定，在国民经济发展中发挥重要作用的特大型国有骨干企业以及为社会经济发展和人民生活提供普遍服务的公益性行业企业。

第二节 价值观与运营理念

随着 2016 年国有资本管理体制、国有企业改革、混合所有制经济推进，社会主义市场经济发展，各类企业集团的产权属性发生了根本变化，随之而来的是作为新组建各类企业的价值观念和运营理念必然需要变革和重构。

价值观

价值观是企业文化的核心，如果不能形成适合企业需要的价值观，没有坚实的价值观作为基础，企业文化就是无本之木、无源之水，不可能成为员工的行为自觉，也不可能促进企业的发展。而且，企业文化也不能明确地告诉员工，企业反对什么、赞成什么，不能在根本上给员工一种判别的标准。

如一些企业的价值观，总结起来包括忠诚、合作、以人为本、诚信、奉献、正直、顾客至上、质量第一、奋斗等，下面分别进行阐释。

忠诚包括两个方面，一方面，员工对事业的忠诚，要求员工全心全意地对待自己的工作，要对自己的岗位怀有忠诚之心，对于自己的本职工作和领导交办的工作任务，能够没有任何借口地做好；另一方面，企业领导与员工之间，要相互忠诚，相互信任。

合作既包括企业内部员工之间的合作，也包括企业与社会的一种合作。现代经济和技术的发展，使得团队成为完成工作的重要形式，项目成为最常见的任务形式，合作成为对员工的客观要求。一个没有合作观念的员工，一个不采取合作态度的员工，将使得其他人的努力大打折扣。以人为本是人性化管理的基础。员工是企业的资产，是能创造价值的资产。要充分发挥员工的主观能动性和创造性，就必须以人为本，尊重员工的努力，承认员工的成绩。以人为本要求企业在对待员工的时候不再仅仅把员工视为工具，而应把员工视为合作者。以人为本不是说以抽象意义上的人为本，而应该以员工的需求、努力、业绩等为本，以为企业创造价值的人为本，而不是以所有的人为本。长期以来，我国电力企业实行的是半军事化的管理，强调的是员工对上级的服从，强调的是员工对命令的执行，人性化管理和以人为本的观念相对比较弱。而且整个中国企业界和学术界对于以人为本的认识和关注也才刚刚起步，企业建立以人为本的价值观，需要走很长的路。

进行价值观建设时，企业应该注意几个问题：一是要明确企业价值观的内容体系，准确把握企业价值观取向；二是要通过提高员工的素质和觉悟，促使员工个人的价值观与企业的价值观相统一；三是要强化企业价值观的整合，实现价值观的一致，增强企业的凝聚力、向心力和竞争力；四是企业的价值观要兼顾社会、政治、经济等方面。

运营理念

企业理念的范围非常广泛，据统计，关于企业的理念，林林总总的有几百种，但是真正起到重要作用的，一般只有6~8种理念。而企业理念主要包含决策、规划、营销、管理、人才、市场、发展、竞争、生产、安全、服务等几个方面。

企业进行运营理念建设时，首先就是要明确理念的含义和范围，对企业理念作出准确的定义。在准确定义之后，应该对理念进行划分，区别企业的核心理念和具体的业务理念。此外，还需要对理念进行整合，形成理念体系。但是，形成理念并不是目的，而是要发挥理念引导、约束、指导员工的作用，用理念统一员工的思想、观念和行为。

对于理念的定义，要求具体且有指导性，在参考理念的一般定义的基础上，一定要符合企业的实际，不能照搬照抄某些著名企业的理念定义。每个理念都应该有自己的核心部分。比如人才理念应是关于企业认为什么是人才和如何使用人才的哲学思考。这个定义可以帮助企业找到和明确什么是企业需要的人才。对于一些企业来说，能给企业降耗的员工就是人才。

在生产理念中，应该强调安全。由于不同行业不同产品的特殊性，安全成为企业生产的内在要求，这是在任何时候都不可以掉以轻心的。当然，安全也不仅仅局限在生产方面，还有财务安全等，也是企业理念的重要部分。

在发展理念中，应该强调创新。创新是企业持续发展的不竭动力和源泉。创新可以分为技术创新和管理创新等。对企业而言，管理创新要求企业的领导更加具有市场思维，组织结构更加扁平化，管控模式更加灵活有效。技术创新就是把一种从来没有过的关于生产要素的"新组合"引入生产体系。

在人才理念中，应该强调德才兼备。对于不同层次的员工，德才的要求也应该有所区别。基层员工，德为基础，才为先。只要不违反国家的法律法规，不违反企业的规章制度，就可以充分地发挥他们的才能。中层员工，德才并重。不仅要求他们能够完成工作，还要求他们可以考虑企业其他方面，具有主人翁的责任感。高层员工，则对德的要求更强，他们必须为企业的发展和企业的战略贡献自己的力量。

能够按时保质保量完成工作的，就是对企业有用的人才；能够提前保质保量完成工作的，就是优秀人才；能够不局限于自己的工作，在完成自己的工作之外，还积极参与企业的其他工作，这样的人才就是骨干人才。

企业应该按照企业的实际对企业理念进行定义和分析，以上挑选分析的几个理念是希望可以做一个例子，以供企业参考使用。

第三节　企业伦理与道德

伦理（ethics）从根本意义上指的是处理"己""人"关系的准则，包括人与他人、人与人类、人与国家、人与自然等关系处理的准则。引申到特定的环境，这里的"人"可以是泛指的"客体"，"己"可以是泛指的"主体"。企业伦理（business ethics）也称商业伦理，是指蕴含在企业生产、经营、管理及生活中的伦理关系、伦理意识、伦理准则与伦理活动的总和。伦理关系包括企业与投资人（股东）、员工、消费者、上下游合作者、竞争者、媒体等的关系。伦理意识包括企业的道德风气、道德传统、道德心理、道德信念等。伦理准则包括营销准则、分配准则、生产准则、信息准则等。

企业文化的道德建设包括社会公德、职业道德、家庭美德和个人品德几个方面。社会公德是作为个人在社会中应该具备的基本道德要求。人都是处在一定的社会关系之中的，是处于一定的社会环境之中的，加强社会公德的修养，是创造一个良好社会环境的基础。加强社会公德的建设，要求企业员工热忱帮助他人，为他人着想，积极参加社会公益活动，共建良好的社会环境。

企业伦理和道德表明的是一个企业为什么要存在，将会以什么方式和途径来体现和实现存在。从某种意义上说，伦理是企业竞争力的最初发源地，是企业核心竞争力最本质的因素。

做一个具有高尚社会公德的人，做一个遵纪守法、维护秩序的社会人，企业员工应该承担起自己相应的角色和作用。职业道德是员工在工作中应该具备的素质，人们常常说，要有职业素质，要有职业态度。所谓职业道德，就是要求员工在从事一个职业的时候，能够不受自己情绪的影响，不论在什么条件下，都可以认认真真、兢兢业业、扎扎实实地把自己分内的工作做好。具有良好的职业道德最典型的表现，就是爱岗敬业。爱岗敬业，珍惜现有的工作机会，珍惜现有的工作时间。让"今天不敬业，明天就失业""今天工作不努力，明天努力找工作"等观念深入人心。

良好的职业道德要求员工不在工作过程中谋求自己的利益，不损公肥私，不利用企业的平台偷梁换柱、暗度陈仓。家庭是社会最小的组织单位。很难想象，一个没有家庭美德的人，一个不珍惜家庭的人，一个不爱家的人，会成为具有高尚社会公德和良好职业道德的人。圆满的家庭状况，美好的家庭教育，对于一个人的成长具有重要的熏陶作用。家庭美德教育，要求员工爱家、顾家，上班时想着企业大家，下班后回到自己小家，而不是夜不归宿，闹得家庭鸡飞狗跳，影响上班工作效率。

高尚的社会公德、良好的职业道德、完满的家庭美德，都是以个人品德作为支撑，是个人品德在不同领域的不同表现。优秀的个人品德是道德建设的基础。员工们要加强个人品德修养，企业也要加强对员工个人品德的教育，以优秀的人物事迹鼓舞人，以高尚的情操激励人。

关于企业的道德建设，仁达方略有如下建议：一是要制定企业的道德准则，并以此准则规范企业的经营行为，使企业法人的自我约束能力不断得到增强；二是要制定企业员工职业道德及文明行为规范，并把它作为员工上岗的基本条件和上岗后考核的重要内容，加大岗前培训和岗后考核的力度；三是要积极开展各种活动，潜移默化，寓教于乐，寓教于文，提高员工道德教育水平和道德修养，建立和谐共处的企业人际关系；四是要开展"五好家庭"建设与评比活动，促使员工敬岗爱家。

第四节　制度与规范

企业文化要取得显著效果，要使员工认同企业的价值观并转化成自觉行为，在企业文化的深层结构和企业文化的表层结构之间要建立起一道桥梁，这道桥梁就是以价值观为导向的、以物质基础和权力（或权威）基础所保护的企业制度和行为规范。在此基础上，从企业文化的深层结构到企业文化的表层符号体系与行为，才能够形成一条企业文化建设的有效通道。

目前，我国一些国有企业或国有控股企业，在没有建立现代法人治理结构的情况下，企业的管理上仍带有很强的垂直行政管理色彩，这种管理状况直接造成的结果就是企业员工封闭性的加强与能动性的下降。

因此，在企业文化重构实践中，制度与行为规范也要做出适度的调整，以使新的制度与规范更能提高团队的凝聚力和推动价值观的落地与执行。制度是企业文化的重要内容，是硬文化，保证企业文化的价值观等在企业中得到贯彻和执行，规范着员工的行为，定义着企业的倾向。制度具有高压线的作用，就像是碰到高压线要被电击一样，凡是违反制度的行为，都应该受到相应的惩罚。

仁达方略就企业的制度建设给出以下建议：一是要对原有的制度、条例、规范、规定进行清理，对不符合企业发展需要的加以废除。二是要建立和完善一套相互衔接的符合企业要求的制度、条例、规范、规定等，为企业正常的经营管理提供依据。三是要建立运转有序的机制，保证建立的制度、条例、规范、规定能够得到顺利实施。着眼于企业经济效益和竞争力的提高，着眼于企业长远发展和管理水平的提高，建立和完善合理授权的一体化管理模式，健全和完善符合现代企业制度要求、与国际管理接轨的管理体系。以保证企业最大效益为核心，优化管理流程，完善程序文件，规范管理行为，实现重结果与重过程的有机统一，推动企业科学决策，增强管理效能，依法规范经营。

第五节 企业形象

虽然在企业文化重构中，核心是价值观，根据企业文化结构图，我们也知道，建设企业文化的路径是由内而外的，从价值观到企业文化的形象层。但是，作为企业文化的表现形式，企业形象也是企业文化重构的重要内容。企业形象是企业展示给客户的外在感觉，是客户在与企业接触中最先感受到的部分。良好的企业形象，不仅反映了企业的实力，也反映了良好的企业文化。企业形象是企业文化的外显，体现着企业文化的内在核心层，是企业最能够着力加以改进的方面。企业形象从大的方面可以分成两类：一类是硬形象，比如说企业的环境形象、视觉形象等；另一类是软形象，比如说礼仪形象、服务形象等。企业形象的重构应该从硬形象和软形象两个方面入手。

仁达方略就企业形象的重构给出以下建议。

一是塑造环境形象。工作场所窗明几净，秩序井然；厂容厂貌美观整洁，生产环境卫生干净，环保、绿化、美化等各项指标都达到国家标准或同行业的高水准。高度重视厂区环境建设，注意开发利用环保技术，减少污染。

二是塑造视觉形象。要对企业的标志系统做出统一的规划和设计，如统一营业窗口标准色、标准字、标准标志和员工服饰等。

三是塑造服务形象。要制定服务标准，使服务规范化、制度化。推行服务承诺制，充分发挥社会监督作用，加强员工作风建设，通过开展示范窗口等活动不断提高服务质量。领导干部在经营活动中要做服务的表率。

四是塑造礼仪形象。在企业开展礼仪教育。编制企业礼仪手册，规定员工在会议、社交、接待、谈判、庆典、营销等活动中的礼仪行为。明确语言、着装、举止等方面的要求。

五是塑造公关形象。要处理好与社会、政府、行业协会、经营合作者的关系。主动接受各方面的监督，积极争取大家对企业改革与发展的关心和支持。热情参与社会公益事业，积极参加抗灾救险、支农扶困、扶老助残等活动。遵纪守法，平等待人，正确处理与合作伙伴的关系。

六是塑造舆论形象。努力办好企业内刊和网站，积极主动地和社会各新闻媒体建立联系，重点加强与行业报纸、网站和地方报纸等媒体的关系，争取获得更多的报道。同时，也可以通过合办节目、联办栏目、新闻奖等形式，建立广泛良好的舆论氛围。

第六节　案例研究：交通银行企业文化重构

交通银行股份有限公司（以下简称交通银行）始建于1908年（光绪三十四年），是中国早期四大银行之一，也是中国早期的发钞行之一。1958年，除香港分行仍继续营业外，交通银行国内业务分别并入当地中国人民银行和在交通银行基础上组建起来的中国人民建设银行。为适应中国经济体制改革和发展的要求，1986年7月24日，作为金融改革的试点，国务院批准重新组建交通银行。1987年4月1日，重新组建后的交通银行正式对外营业，成为中国第一家全国性的国有股份制商业银行，总行设在上海。

作为中国首家全国性股份制商业银行，自重新组建以来，交通银行就身肩双重历史使命,它既是百年民族金融品牌的继承者,又是中国金融体制改革的先行者。交通银行在中国金融业的改革发展中实现了六个"第一",即第一家资本来源和产权形式实行股份制;第一家按市场原则和成本—效益原则设置的银行机构;第一家打破金融行业业务范围垄断,将竞争机制引入金融领域;第一家引进资产负债比例管理,并以此规范业务运作,防范经营风险;第一家建立双向选择的新型银企关系;第一家可以从事银行、保险、证券业务的综合性商业银行。交通银行改革发展的实践,为中国股份制商业银行的发展开辟了道路,对金融改革起到了催化、推动和示范作用。2004年6月,在中国金融改革深化的过程中,国务院批准了交通银行深化股份制改革的整体方案,其目标是要把交通银行办成一家公司治理结构完善、资本充足、内控严密、运营安全、服务和效益良好,具有较强国际竞争力和百年民族品牌的现代金融企业。在深化股份制改革中,交通银行完成了财务重组,成功引进了汇丰银行、社保基金、中央汇金公司等境内外战略投资者,并着力推进体制机制的良性转变。2005年6月23日,交通银行在香港成功上市,成为首家在境外上市的中国内地商业银行。2007年5月15日,交通银行在上海证券交易所挂牌上市。

重新组建后的交通银行的企业文化建设,随着企业的发展经历了由自发到自觉,由浅到深不断认识、逐步提高的过程,期间进行了企业文化重构。其文化建设大致经历了四个阶段:

第一阶段,自发阶段。交行重新组建的初期,我国金融业的态势是几家国有专业银行分工垄断的格局。交通银行面临着夹缝中求生存的艰难局面。面对这种形势,董事会提出了"一流的服务质量、一流的工作效率、一流的银行信誉"的办行宗旨。"三个一流"成为交行塑造企业形象的标准,参与市场竞争的口号。但是,这一阶段还没有引进"企业文化"这个概念,没有在真正意义上认识企业文化及其作用,没有有意识地去建设自己的企业文化体系。

第二阶段，自觉认识阶段。20世纪90年代初，交行引进并使用企业文化这一概念，并于1992年在昆明召开了一次企业文化研讨会，但没有形成全行上下共识的成果。1997年，总行举办了首期企业文化培训班，此后，企业文化一词的使用频率开始增多。这一时期，总行领导将交行的企业精神提炼为"艰苦创业、争创一流"，还提出了"不管大、中、小，只要效益好"的经营理念。但是，企业文化理念体系还不完整，也没有具体的部门做归纳整理以及组织推进的工作。

第三阶段，积极建设阶段。2000年以来，随着两级法人改制为一级法人，需要统一的理念来统一全行的意志。特别是"三个代表"重要思想发表后，总行党委按照"三个代表"的要求，明确提出了建设先进的企业文化的要求，推出了《交通银行企业文化基本理念》，重新修订了《交通银行职业道德规范》和《规范化服务标准》，并在全行进行普遍教育。

第四阶段，重塑再造阶段。2004年下半年，随着改革发展的不断推进，蒋超良董事长把交通银行的改革比喻为"凤凰涅槃，浴火重生"。成功引进香港上海汇丰银行作为战略投资伙伴后，交行由国有股份制商业银行转变为国家控股的中外合资金融企业，加之组织架构再造带来了运营模式转变，2005年6月23日在香港成功上市，带来了经营理念、管理方式的变化。产权变革、体制和机制转型，迫切需要文化转型的支撑。为此，总行党委把重构重塑企业文化作为全行15个重点项目之一，给予高度重视。

2005年交通银行发布了企业文化理念体系，包括：企业使命——提供更优金融方案，持续创造共同价值；企业愿景——建设价值卓越的一流国际金融集团；核心价值观——责任立业，创新超越；经营理念——诚信永恒，稳健致远；服务宗旨——以您为先，灵活稳健。

企业 文化重构
QIYE WENHUA CHONGGOU

随着改革的不断深化，做大做强、打造中国最有价值的商业银行，建设一流的国际公众持股银行，成了交通银行追求的新目标。为此，交通银行进行了一连串令人目不暇接的改革，财务重组、引进境内外战略投资伙伴、组织架构再造、境外成功上市，向零售银行的战略转型，以及综合化、国际化经营的战略安排等，都提出了企业文化重构重塑的任务。交行企业文化重构是内因和外因相互作用的结果。

一方面，竞争态势的逼迫是企业文化发展的外在动因。交通银行重新组建以后，金融市场已经被分割完毕。交通银行根据业务不受专业分工限制的政策，在没有产品、没有客户的情况下，拉开了与四大专业银行竞争的帷幕。交通银行一边开发新业务，一边把自身的特点向社会和客户做充分的表达。以"三个一流"为办行宗旨，以"艰苦创业、争创一流"为企业精神，以"不管大、中、小，只要效益好"为经营理念的企业文化，既是交通银行的誓言，也成了交通银行展示自己的公众态度。虽然在夹缝中求生存的日子是艰难的，但交通银行就像一条鲇鱼一样，使满池的鱼都活跃了起来，金融界从此充满了竞争的活力。

另一方面，管理要求的觉醒是企业文化发展的内在动因。交通银行组建初期实行两级法人体制的松散管理，使得一些分支行纪律松弛，效率低下，经营粗放，效益流失，违规违纪搞账外经营的现象屡有发生，导致不良资产的大量出现。这些问题若不能有效解决，交通银行要想生存下去是不可能的。于是，交通银行开始了两级法人到一级法人的体制改革。管理体制的变化，促使管理理念的变革，于是，总行党委及时提出了"建立先进的银行制度、确立先进的经营理念、实行先进的内部管理、创新先进的服务手段、开发先进的人力资源、建设先进的企业文化"的企业发展目标，即常说的"六个先进"。

2012年，交通银行发布了新的理念体系。企业使命——提供更优金融方案，持续创造共同价值；企业愿景——建设价值卓越的一流国际金融集团；企业精神——拼搏进取、责任立业、创新超越；经营理念——诚信永恒，稳健致远。

经过文化重构后的交通银行已经发展成为一家"发展战略明确、公司治理完善、机构网络健全、经营管理先进、金融服务优质、财务状况良好"的具有百年民族品牌的现代化商业银行。深厚的文化底蕴铸就了交通银行百年的辉煌，百年交通银行已启动新的航程。交通银行正加快推进战略转型，朝着创办一流现代金融企业的目标迈进！"交流融通，诚信永恒"是交通银行与客户的共同心声，交通银行将为此不懈努力，为客户提供更好的服务，为股东创造更多的价值，为社会做出更大的贡献！

第八章
企业文化重构的一般类型

企业文化重构，首先要做的就是对企业文化重新定位，明确了企业文化在企业发展过程中的作用和位置的前提下，根据定位选择企业文化重构的路径，推进企业文化重构。

企业文化重构一般有三种类型：战略导向型企业文化、市场导向型企业文化和绩效导向型企业文化。

第一节 战略导向型企业文化

战略导向型企业文化是指这样一种文化，它以企业集团为主要对象，以企业战略为基础，为企业战略服务，围绕企业战略的要求进行企业文化理念体系等的建设。作为战略导向型的企业文化，战略无疑是至关重要的，要求战略能够对企业文化起到指导和引导作用。

战略导向型企业文化的理念体系包括三个层次。

最高层是战略层，它包括使命与愿景两个因素。它说明企业存在的目的，企业的未来如何发展。企业的使命是这个理念体系的基础，它决定了企业的发展方向与坚持的原则。而企业的前景目标，也就是我们通常所说的愿景，它是建立在使命之上的企业发展方向。这两者是企业战略的基础，因此，在企业文化中，可以将这二者定义在战略的层面上。

第二层是策略层，它包括精神与价值观两个因素。价值观是企业与企业人的一切行为的基础，而精神则是企业与企业人在使命的履行与追求企业愿景实现过程中的一种崇高的思想境界，这两者都是为使命与愿景服务的。同时，它们也是处于企业使命、愿景和企业经营理念、管理理念、人才理念等之间的有机联系体，因此，它们处于企业文化理念体系的策略层。在这个层次，企业要明白自己坚持的原则，告诉员工和社会企业赞同什么、反对什么。

第三层是执行层，它包括企业的各种运营理念。国内企业习惯表述中的经营理念、人才理念、质量理念等，就属于执行层。这些理念是对企业管理中各职能的理念描述和倡导，同时也是企业的使命、愿景和价值观在企业的具体体现与实践，因此，这一层次的理念被称为执行层理念。

该企业文化理念体系从使命到愿景、从愿景到精神与价值观、从精神与价值观再到企业各执行层的运营理念，整体具有很强的逻辑关系。

在重构战略导向型企业文化的时候，首先要做的是厘定企业的战略，告诉员工企业的使命和愿景是什么。只有战略明确了，才能根据战略来调整组织结构和业务流程，使它们更好地体现战略的要求，实现战略目标。明确企业战略的方法有很多，如SWOT分析、波特的五力分析、关键成功因素等。在运用这些工具的同时，还可以借鉴同业中的标杆企业，为自己确定一个可行的战略定位。下面来举一个例子。

瑞典联合电力公司的文化战略

企业使命：提供经济和可靠的电力，为自己的成员提供服务。公司愿景：成为低成本的电力批发供应商。核心价值观：安全工作，确保无事故的工作环境；通过战略联盟提高效率；财务方面强大而灵活；通过持续发展减少成本和增加效率；在竞争日趋激烈的产业中获胜，鼓励持续的文化变革；发展、激励和回报优秀员工。

一般来说，战略导向型企业文化比较适合大型电力企业集团，适合作为电力企业集团的文化建设目标。对大型电力企业集团来说，企业文化系统除了对集团总部具有引导作用外，还需要对该集团内企业独立的文化系统具有调节与融合的功能。在统一的战略指引下，既能保证整个集团的统一，又能充分发挥各子公司的特点。而单个的发电或者供电企业，战略并不是最为紧要的方面，它们更加紧迫的要求是实现企业经营管理的创新，培养绩效意识、服务意识、竞争意识和市场意识。

在集团范围内的企业文化建设实践中，容易出现一种误区，即企业集团力争在集团范围内建设一种大一统的企业文化，但是，集团内不同产业、不同地域的分公司或子公司，如果采取过于统一的企业文化，就很容易在集团公司的发展中造成僵化的趋势。

大型多元化集团内部建立高度统一的文化在理论上也是不现实的，各子公司或分公司往往会涉及不同的产业、不同的地域。因为产业类型的差别、地域的差别或领导者价值观倾向的不同，在一套核心价值观之下，各个公司的使命和愿景可以是不同的，基本价值观与附属价值观也可以是不同的，不同区域的子公司的具体经营理念也应是不同的。比如人才理念，上海甲分公司的人才理念与东北乙分公司或西北丙分公司的人才理念是不同的，因为各地区在社会文化、社会环境、人才结构和人才供求状况等方面存在诸多差异。但是，子公司毕竟是属于集团的，是同一集团的子公司，其企业文化也不能完全按照自己的意愿去建设，而是需要按照集团的要求，紧紧围绕核心价值观的规定，再结合自身的特点来确定。

第二节 市场导向型企业文化

市场导向型企业文化是指企业文化以市场为中心，一切围绕市场占有率和市场控制力进行，在为市场和销售服务的经营环境中所形成的企业文化。

在市场导向型企业文化中，要增强市场意识，根据市场的要求调整企业的行为，进行企业文化建设。其中的关键，就是服务。服务是市场导向型企业文化的核心。所谓市场，就是很多买家卖家一起交易的场所，由于很多买家卖家在一起，产生竞争，形成竞价，行业"竞价上网"的追求就是竞争力量的具体体现。

在目前产品差异性不大的情况下，服务是企业将自己区别于竞争对手的关键手段。服务成为市场竞争中的有力武器,也是企业立于不败之地、长远发展的内在要求。这里的服务,将不仅仅是为企业的顾客服务,还包括为企业的利益相关者服务。

在利益相关者模型(the stakeholder model)中(《企业、政府与社会》,华夏出版社 2002 年版),企业处于一系列多边关系的中心,其中的与企业活动发生质量、能量和信息交流互换的要素集团被称为相关利益团体。相关利益团体是那些将受益于或受损于公司运营的对象物,也就是说,他们的利益与企业存在相关。对于一个企业来说,这一相关利益团体的定义包括范围广泛的各方,如图 8-1 所示。

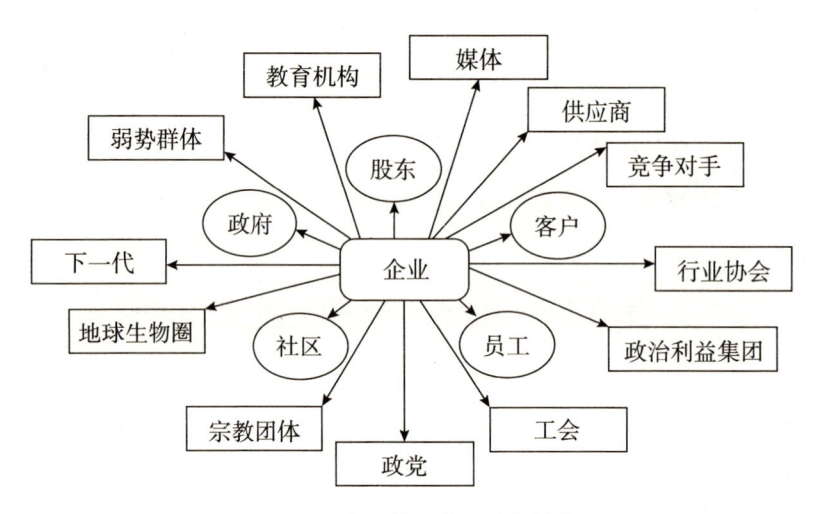

图 8-1 企业的所有利益相关者

社会价值观的变迁使得"利益相关者"这一概念对于现代企业来说变得越来越重要,企业对包括股东、员工、顾客、供应商与销售商、社会团体、政治家以及一些特殊的利益集团负有多重责任。企业的管理任务变成一种非常困难的平衡活动。股东的利益必须和员工的利益达成平衡,企业的利益必须和顾客的满意之间达成一致,企业发展战略必须迎合地区发展战略,同时要对环境保护负有责任,等等。其中,任何一方对自身利益的过分要求，都可能会对企业产生重大的影响。

市场导向型企业文化，要求企业具有市场意识和服务意识，在全体员工中形成全员营销、全员经营的思路，紧盯市场的变化，将市场的要求融合进日常的工作行为中。所谓全员经营、全员营销，就是企业的每一个员工，不论他的职位岗位是什么，不论该职位岗位是否直接与市场对接，都必须以市场为导向，从市场需要的角度来考虑自己的工作，调整自己的职责和角色定位。市场成为带动企业前进的龙头，市场成为各种行为的出发点，市场成为经营活动的检测地。一个职位只有经受了市场的检验，一种行为只有获得了市场的认可，才是一个对企业有意义的职位，才是一种对企业有效的行为。

重构市场导向型企业文化的时候，首先要做的就是培养市场意识，增强服务观念。市场导向型企业文化，更多的是强调服务的观念，强调将服务作为员工行为的出发点，改变某些企业的不良形象。

在市场竞争情况下，任何一个企业都应该以市场为导向。但是，在进行企业文化重构的时候，最适合采取市场导向型企业文化的是单个集团企业。

单个企业面对的客户是终端客户，它们的行为直接影响着人们的生活，如果不能很好地满足人们的需求，不能满足客户的需要，不能把握客户需求的变化，不能服务好客户，很可能会对企业发展造成影响。因此，建立市场导向型企业文化，有助于该类企业增强市场意识和服务意识，时刻关注客户的需求，关注客户需求的转变，更好地满足这种需求。

第三节　绩效导向型企业文化

战略导向型企业文化也好，市场导向型企业文化也罢，构建企业文化的目的并不是为了使企业中存在这样一个体系，而是为了企业能够取得更好的业绩，获得更大的市场份额，赢得更长久的发展，实现从优秀到卓越的跨越。从这个意义上说，所有的企业文化都应该是绩效导向型企业文化。

也是在这个意义上，战略导向型企业文化和市场导向型企业文化本质上是一样的，它们都是为了企业的绩效，是绩效导向型企业文化。但是，反之就不正确了，绩效导向型企业文化与战略导向型企业文化、市场导向型企业文化是不完全一样的。绩效导向型企业文化讲究的绩效，可以经由战略的指引来获得，也可以通过提升市场的竞争能力来获得，还可以通过降低自己的成本来获得，它们都是企业提升绩效的手段。

有的企业可以没有战略，也可以不面对市场，但它一定要关注绩效，关注企业的效益。在这样的企业，就没有办法建立战略导向型企业文化或市场导向型企业文化，而是应该建立绩效导向型企业文化。

绩效导向型企业文化，就是在进行企业文化重构的时候，将绩效引入其中，以绩效为目标，根据绩效的要求来对员工进行要求，绩效成为文化建设的引导，一切工作围绕着企业的绩效进行而形成的文化。

在绩效导向型企业文化中，对员工的要求，不再只是强调数量，更多的是要强调质量，强调员工的工作与整个企业其他工作之间的关联，强调员工的工作对整个企业业绩的促进。

在实践中，绩效往往会与业绩相混淆。其实，绩效与业绩是有很大差别的。业绩是一种事后的评估，是在年终总结时对员工做的一种评价，它更多的是对一段时间后行为结果的描述；而绩效是一种事前的预测，是一种对行为的期望，是对某职位可达到的工作成果进行的描述。业绩不能用来调整员工的行为，绩效却可以对员工的行为施加影响。总之，绩效是一种有效的管理手段，是一个过程。

对于绩效导向型企业文化，关键的是要确定什么是对企业有用的绩效以及绩效评估、考核、反馈的制度和方法。

对于绩效的评估、考核和反馈，已经形成了很多有效的工具和技术。比如BSC（平衡计分卡）便是卡普兰教授发明的一种实现组织战略的绩效管理方法。在运用这种方法的时候，组织可以按照财务、顾客、内部业务流程、员工能力四个维度，结合企业的经营战略，定义出关键的成功要素，将这些要素和目标分解到组织的各个部门和环节，形成目标责任书进行考核。KPI（关键业绩指标）是指找到一个组织、部门和职位的关键职能，对这些关键职能进行分析形成的关于这些关键职能的绩效考核指标。它们都已经非常成熟，可以参考相关专业图书或者参加培训进一步了解。

重构绩效导向型企业文化的时候，除了要在员工中引入绩效的概念，做到绩效概念深入人心外，更重要的是要对各个职位进行绩效管理，运用BSC（平衡计分卡）和KPI（关键业绩指标）等工具，确定各个职位的绩效标准，按照绩效标准的要求对员工进行管理。

要确定各个职位的绩效，首先要做的是职位分析，收集各个职位的信息，将职位放在组织结构和业务流程中进行思考，把职位作为组织结构的一个节点，把职位作为业务流程的一个环节，这样才能整体上明确各个职位的工作内容、性质和相互关系。在职位分析的基础上，进行职位评价，明确各个职位在组织结构中的位置，确定绩效水平，并相应地采取薪酬策略。

重构绩效导向型企业文化，使绩效成为员工工作的指导，成为日常管理的工具，员工的行为受到绩效的约束，从而监督促成达成企业期望的结果。

第四节　案例研究：海尔的文化重构

海尔创立于1984年，成长在改革开放的时代浪潮中。30多年来，海尔始终以创造用户价值为目标，一路创业创新，历经名牌战略、多元化发展战略、国际化战略、全球化品牌战略四个发展阶段，2012年进入第五个发展阶段——网络化战略阶段，海尔目前已发展为全球白色家电第一品牌。

海尔致力于成为全球消费者喜爱的本土品牌，多年来一直践行本土化研发、制造和营销的海外市场战略，并取得了很好的成绩。目前，海尔在全球有五大研发中心、21个工业园、66个贸易公司，用户遍布全球100多个国家和地区。

创新是海尔的企业文化基因。海尔的创新力体现在平台化企业搭建和管理模式创新上。目前海尔正从制造产品转型为制造创客的平台，青岛海尔（股票代码SH：600690）和海尔电器（股票代码HK：01169）两大平台上聚合了海量创客及创业小微，他们在开放的平台上利用海尔的生态圈资源实现创新成长，聚集了大量的用户资源。2014年海尔注册用户已经达到3685万元。

互联网时代的到来颠覆了传统经济的发展模式，为企业带来新的挑战和机遇。海尔坚持网络化的发展战略，开拓创新，通过持续推进人单合一双赢模式，对内打造用户需求驱动的投资驱动创业平台，对外构筑并联的开放生态圈体系，创造互联网时代的世界级品牌。

海尔文化是具有海尔特色的意识形态，是一项系统工程，是海尔的无形资产。海尔的企业文化也是在不断重构中完善提升的，下面是海尔的早期企业文化和最新发布企业文化的对比：

第八章 企业文化重构的一般类型

早期的海尔企业文化是通过对统一的企业精神、企业价值观的认同使集团有强大的向心力和凝聚力。海尔的企业文化包括企业理念和具体体现两大部分，这两大部分和谐地贯彻到海尔集团各个分支机构和各个部门的经营、管理工作中，并不断积累、丰富，形成了许多新的实用理念及思路。海尔的企业理念即思路是经营企业总的指导思想，如海尔精神："敬业报国、追求卓越"；海尔作风："迅速反映，马上行动"，这些理念又具体体现为具有海尔特征的企业经营策略和各种规范制度等。

重构后的海尔文化称为"海尔之道"，即创新之道，其内涵是：打造产生一流人才的机制和平台，由此持续不断地为客户创造价值，进而形成人单合一的双赢文化。同时，海尔以"没有成功的企业，只有时代的企业"的观念，致力于打造基业长青的百年企业。一个企业能走多远，取决于适合企业自己的价值观，这是企业战略落地，抵御诱惑的基石。

海尔的核心价值观是：

是非观——以用户为是，以自己为非。

发展观——创业精神和创新精神。

利益观——人单合一双赢。

海尔的愿景和使命是致力于成为行业主导，用户首选的第一竞争力的美好住居生活解决方案服务商。海尔通过建立人单合一双赢的自主经营体模式，对内打造节点闭环的动态网状组织，对外构筑开放的平台，成为全球白电行业领先者和规则制定者，全流程用户体验驱动的虚实网融合领先者，创造互联网时代的世界级品牌。

第九章
企业文化重构的路径选择

企业文化重构的路径选择，基于仁达方略企业文化结构模型，应由内向外实施。首先是企业文化的核心——理念体系的重构，其次是管理制度与行为规范的重构，最后是基于全体员工的共同愿景和共有价值观的企业形象重构。

企业文化重构的难点在于新企业文化的起飞与落地。起飞阶段，包括对现有企业文化的准确评估、企业文化重构目标的确定以及新的企业文化体系的形成。企业文化重构还存在一个落地阶段，即推进实施阶段，包括企业文化宣传、沟通反馈、培育、行为转换和长期建设。只有经过企业文化落地阶段，企业文化才能真正内化为员工的思想，表现在员工行为中，企业文化重构才真正完成，形成新的企业文化。

提炼和确定企业文化过程中，要把握一个原则：并不是在给企业创造什么新的文化，而是将企业原来文化中的优质因子提炼出来，加以发展，并将适合企业文化的先进因子引入进来，在此基础上形成一种新的适合企业的文化。

企业文化落地阶段，关键是要实现企业文化核心——价值观的内化，用企业的价值观去同化员工的价值观，实现企业、员工价值观的统一，形成员工价值观上的自觉。一旦实现了员工价值观上的认同和自觉，企业文化重构的落地也就落到了实处，企业文化重构也就真正完成了。

第一节　由内向外的企业文化重构

詹姆斯·科林斯说："未来跨国公司或大型企业并不是由技术或产品设计师建立的，而是由社会设计师建立的，这些设计师将企业以及企业的运作视为他们核心的、完整的发明创造，他们设计了全新的组织人力资源和发挥创造力的方法。"

从仁达方略企业文化结构模型出发，企业文化体系由内向外依次为价值观、行为规范、管理制度以及企业形象，这表明了企业文化重构的方向是从内向外的。

其中，价值观层面是必须首先重构的，价值观是企业在长期的经营过程中，为了适应竞争环境而形成的对生产经营行为的选择标准、辨别标准和评价标准。它决定了企业的发展方向和行为准则，是企业一切行为与对外体现的意识根源。

制度与行为规范层，是在企业文化核心层指导下的企业各项管理制度和企业、员工行为的体现，它对企业所倡导的价值观与理念体系的实现起到保障和促进作用，并进一步转化为指导操作的行为准则和规范。

形象层，是企业文化的外显，外显的行为是受企业理念体系与价值观的支配的，表现出价值观的选择和要求，是企业价值观的实践化。

由内向外的企业文化推进系统是企业文化重构的关键环节，是企业文化理念体系回归实践的核心通道。要实现这一目标，必须有效利用各种途径，把企业文化所提倡的价值观念、精神宗旨灌输到全体员工的头脑中去,并通过制度与机制的引导与约束,使之"领会在心里,融化在血液中",切实保证员工在企业活动中自觉或不自觉地展现优秀的企业文化。

企业文化重构一般没有必要再重新创造一个企业文化,只需要通过对企业的运作过程进行根本性分析,重新提炼出健康的企业文化,以达到企业的整体素质和竞争力的显著进步,从而推动企业长期战略目标的实现。

企业文化重构是一个艰难的过程,而且需要很长的时间,因此,要尽量避免完全重建,更不能指望一蹴而就,最好是逐步发展和完善。具体实施流程如图9-1所示。

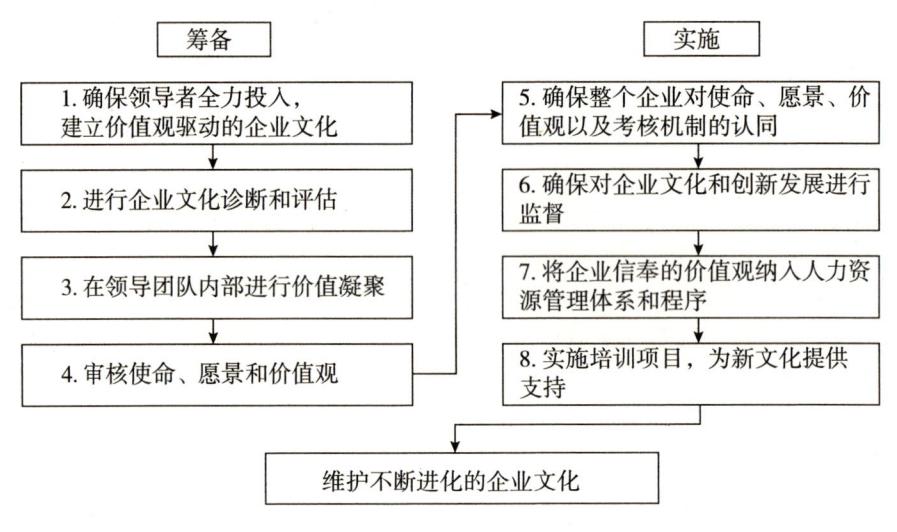

```
筹备                                实施

1.确保领导者全力投入,          5.确保整个企业对使命、愿景、价
  建立价值观驱动的企业文化         值观以及考核机制的认同
          ↓                              ↓
2.进行企业文化诊断和评估        6.确保对企业文化和创新发展进行
          ↓                         监督
3.在领导团队内部进行价值凝聚          ↓
          ↓                   7.将企业信奉的价值观纳入人力资
4.审核使命、愿景和价值观             源管理体系和程序
          ↓                              ↓
                              8.实施培训项目,为新文化提供
                                 支持
                                       ↓
                       维护不断进化的企业文化
```

图9-1 企业文化重构实施流程

企业文化的更迭都是先在上层形成,然后逐层传递,逐步改变员工原有的信念。除了信念的改变外,改进后企业文化的实践与巩固,都需要企业内部所有资源的配合。这是因为企业内各部门之间关系非常密切,对单一部门的重大改革往往是徒劳的,为了取得改革的有效成果,必须针对全局统一实施,而这种全局性的变革,也只能源于企业的最高层。可见,企业领导是企业文化改革与创新的推动者和先行者。

企业文化重构中，关键的过程唯有在企业领导的直接掌握下才能得以实施。所以企业的领导者们首先要积极推动变革，必要时也可以采取强制性措施来推行变革，这取决于外部环境的变化程度。如果外部环境变动剧烈，企业成员一时又难以接受新的企业文化，这种应急情况下，企业领导也可以强行变革，以保证企业对外界的适应能力。

第二节　企业文化评估：为企业文化重构夯实基础

从表面上说，企业文化可以通过醒目的标志、标语口号、员工行为、着装规定、公司历史、传奇事迹、公司惯例及各种仪式等体现出来。然而，在这些有形文化特征的背后，那些不可见更不可触摸的企业核心价值观、信仰以及全体员工的共同假设（shared assumptions），才是企业文化的核心。切莫指望通过更换公司徽标、重新安排办公室布局，或者向员工们反复讲述组织里曾发生的某些光辉事迹，便能轻易改变企业文化。这些措施可能会起到一些作用，但远不足以赢得员工的信任或改变他们的观点，也远不足以让公司在市场中获胜。公司必须对员工整体的信仰和假设进行更深入的分析和思考。只有对这些问题有了更深入的思考和理解之后，你才能采取合适的措施，强化公司文化，提升企业竞争力。

理想的企业文化必须同时具备稳定性和灵活性，既保持使命、愿景和核心价值观稳定不变，又要在公司的组织结构和业务经营上体现灵活性。必须同时关注对外部的适应性和在内部进行的整合，既要不断适应客户和市场的需求，同时也要使员工感到满意。

如何认识和了解企业文化

以前，很少有公司设立企业文化部，但现在，越来越多的公司开始这样做了。用审视的眼光研究在整个职业生涯中所供职过的企业，你很可能会发现，这些企业都有自己深层的、根深蒂固的价值观，主导着它们的经营方式。其中有良好的价值观，例如多样性、尊重、努力工作，以及一线的权威等，也有一些不良的价值观，例如地方观念、不信任员工以及在做决策时独断专行等。无论怎样，这些公司都有自己根深蒂固的价值观——而且十有八九，这些价值观非但写不出来，也难以用语言来表达。在很多工作场所，你很少能够听到人们公开地谈论这些价值观。人们日常工作中的表现就淋漓尽致地体现了这些价值观。

虽然企业文化的内涵难以用文字确切地进行描述，但是毫无疑问，人们对它了如指掌。在很多情况下，它是由某种事例保存下来的传统。这些价值观在员工之间、经理与员工之间准确无误地继承下来，体现在构成我们工作的每一项日常决策中。在更广阔的层面上，企业的最高层做出的决策传递了这些价值观。如果对长期在市场中处于成功地位的公司进行仔细研究，就会发现，核心价值观往往反过来促进他们的日常运作。他们可能是无形的，但是，如果置身于这些公司之中，就可以真切地感受到它们的存在。当完全了解自己公司的核心价值观后，就能够创造出辉煌的业绩。

那么，怎样做才能充分把握企业文化的内涵呢？怎样才能使它发挥作用，改善公司业绩和精神面貌呢？最佳的切入点应该是，研究公司行为与人的一般行为之间有多少共同点。在很多方面，公司文化与人文文化是平行的。

企业文化的诊断和量化评估

关于公司的财务状况，有各种各样直接的衡量尺度，而且对公司经营的很多方面，从生产力到营业额，也都有很好的衡量尺度。但是，企业文化是一种相对难以量化的东西，只能大致通过对公司一些关键因素进行量

第九章 企业文化重构的路径选择

化评估,全方位地勾勒出企业文化状况。

社会研究中定量与定性资料最简单的区别就在于数据化和非数据化。称赞某个女孩很漂亮使用的是定性的判断,但是当你们说在10分中她得了9分时,就是试图将定性评估定量化。表面上,每一项观察和感受都是定性的,无论是某人的美丽,还是受试者在量表中所得的分数,或者是他在问卷中所勾画的记号。这些东西都不是天生数据化或定量化的,但很多时候将其转化成数字形式比较有用。定量化常常使我们的观察和判断更加明确,也比较容易将资料进行集合或总结,而且为统计分析提供了可能性。

将企业文化的内涵进行分解,并设计适当的指标和变量,将有助于我们能够清晰地认识和了解企业文化。在回答为什么企业文化可以量化评估,为什么量化评估可以使我们清晰地认识和了解企业文化之前,我们先引入一对社会学研究的概念:个案式和通则式解释模式。

我们所有人的一生都在解释事物,而且每天都在这样做。你们解释为什么营业额上升或下降了,你们喜欢的球队为什么赢了或输了,还有为什么你们总是没有好的约会对象。在这些日常的解释中,我们使用两种不同的因果推理方式,但是我们从不刻意加以区别。

有时候,我们试图详尽地解释某种情况。例如,你们之所以在入学的某次考试中成绩不理想是因为:①你们忘记了那天有考试;②这本来就是你们表现最差的科目;③碰上堵车、迟到了;④考试前一天晚上,你们同屋在宿舍里听音乐、打游戏吵得你们不能入睡;⑤警察想知道你们是否破坏了同屋的音响或电脑、其他东西,将你们留滞到清晨;⑥一只狗把你们的课本吃了。有了以上种种原因,就不难理解你们为什么会考得不好。

这种类型的因果推理被称作是个案式解释。当我们使用个案式解释时,会觉得完全了解案例之所以发生的所有因素,但与此同时,我们的视野也局限在个案上。也许对某个个案的解释可以部分地应用到其他情况上，但我们的意图只是在于能够完全地解释某个案例。

现在让我们来看另一种解释模式：①每次你们参加读书小组，就会比独自用功分数高；②你们最喜欢的球队在主场总是比在客场表现得好；③运动员比生物研究所的研究员更容易约到女孩子。这种解释方式被称为通则式解释，即试图解释某一类状况或事物，而不是某个个案。

企业文化恰恰是一个群体的概念，它是企业的一个有机整体（integral whole），如果我们觉得某些文化模式比其他文化模式更好，可以在定量的描述中给以较高的分数，一旦我们建立了一套评分系统，就可以通过问卷和量表给企业文化的各个分量指标计分并进行比较，对于哪些变量得分高，哪些企业、哪些部门、哪些人群得分高的问题也不会有共识上的困难。

实际上，在企业文化的诊断评估中，从来都不是单纯地使用一种方便能够实现的，定性和定量的方法都很有用，都很合理，工作人员对两种方法都应该掌握，并结合起来应用。

如果你不能量化某些事物，你就无法准确地描述它；如果你不能准确地描述它，你就无法深刻地理解它；如果你不能深刻地理解它，你就无法很好地控制它；如果你不能很好地控制它，你就无法适时地改进它。

在决定是否需要进行企业文化变革之前，以及在即将实施企业文化变革之前，企业需要首先回答以下三个问题：

- 目前——我们的组织现在的状况如何？我们的企业以及个人的做事习惯如何？
- 将来——如果按照我们的期望进行企业文化的创新与变革，两年后我们会取得什么样的成功？
- 差距——我们目前的企业文化与我们做事的习惯距离我们未来的成功有多大的差距？

好的企业文化诊断与评估方法将会对此做出实证性的回答，而不是仅仅基于某个领导或执行人的个人主观意志。

关于企业文化的诊断与评估基本上可以分为两种类型：一类是软的，收集定性方面的信息和材料；另一类是硬的，指定量方面的数据。直到现在，有关企业文化的硬性的和定量的研究还很少。根据硬指标和半硬指标（直接或间接可用数量表示的）所做的企业文化方面的评估，在信度上具有一定的优势，测量工具在整个研究阶段和实际应用上也是稳定可靠的。这种定量的研究比那些以软性指标为基础的研究，更有助于克服研究者抵制或不愿用那些他们认为用处不大的信息。管理人员和经理们用这些硬指标的数据把自己的意念具体化地去构筑企业文化的轮廓也更容易些。

企业文化诊断与评估工具介绍

1992 年，Roger Harrison（罗杰·哈里森）和 Herb Stokes（赫布·斯托克斯）出版了《诊断企业文化——量表和训练者手册》（*Diagnosing Organizational Culture Instrument and Trainer's Manual*），他们确定了大部分组织共同具有的四种文化，在此基础上针对不同企业进行相应的变化，这种诊断可用于团队建设、组织发展、提高产量等。

1998 年，Kim S. Cameraon 和 Robert E. Quinn 出版了《诊断和改变企业文化：基于竞争价值理论模型》（*Diagnosing and Changing Organizational Culture：Based on the Competing Values Framwork*），这部专著为诊断组织文化和管理能力提供了有效的测量工具，为理解企业文化提供了理论框架，同时也为改变组织文化和个人行为方式提供了系统的策略和方法。

而关于组织文化评估的专著还未见正式出版，在国内，大部分企业文化研究者和企业文化咨询师在企业文化的诊断与评估上只是直接应用国外现有的企业文化测量工具。实际上，在国外经过多年研究开发出来的企业文化诊断工具，并不适合中国文化背景下的企业。

北京仁达方略管理咨询公司是国内第一家通过定量方法研究企业文化并开发出具有本土特色企业文化诊断工具的管理咨询公司。仁达方略开发的 CMAS 企业文化诊断与评估系统，包括问卷调查（含问卷和量表）、深度访谈、历史资料回顾以及公司文件研究、产业发展研究与行业研究、现场调查等，其核心在于仁达方略编制的企业文化调查问卷。

该套企业文化调查问卷的设计综合了社会学、人类学、管理学、组织行为学、组织心理学、现代西方经济学的思想和研究方法，依据管理学的基本要素以及仁达方略企业文化的咨询总模型，借鉴国外企业文化测量的成功经验，在专家组的共同研究与讨论下，通过对涉及企业管理、企业与企业人的行为的有关维度与要素的演绎与归纳，并结合数理统计的方法与计算机技术的应用，归纳总结出了具有高度概括性和全面性的企业文化分析图式。

问卷调查中的多数问题测量的是人们对其在工作单位的实践活动的感受。共有 121 道这样的问题。在寻找维度和要素的研究阶段，我们使用了现代统计学方法对来自电力、航空、石油、金融、电子等行业的 1000 多个样本的访问数据进行了相关分析、聚类分析以及因子分析。分析产生了 33 个因子，对 33 个因子进一步分类，得到 12 个维度。通过国内多家机构的应用来看，该企业文化调查问卷具有良好的信度和效度，问卷的信度系数（Alpha）为 0.72~0.93，能够全面反映被测试机构的文化现状，从而为企业文化的提升和完善提供量化的依据。

企业文化考核

在企业文化建设实践中，很多企业往往是在大张旗鼓地展开企业文化建设之后，却发现员工对企业所形成的企业文化宣言或纲领并不认同，也无法将企业的核心价值观落实到企业和全体员工的具体行动中去。即便言语如何振奋人心、动人心弦，光靠这种精美的语言不会也不可能使一家公司成为高瞻远瞩、追求卓越的公司。企业文化建设和宣言撰写仅仅是开始。这些存在于公司创始人和领导层脑海里的使命、愿景和价值观最终必须通过一些媒介进行外化，从而被整个企业的全体人员所接受，并表现为思想和行动。

企业文化建设是一个渐进的、不断深化的过程，要重在建设、着眼长远、统筹兼顾、分步实施。企业文化建设既是长远任务，又必须加快推进；既要防止急功近利、一蹴而就，又要反对只说不做，等待观望。要力戒表面、表层、表演，追求实用、实干、实效。要随着企业的改革和发展，不断深化和延伸，不断总结完善，在发展中创新，在创新中发展。

企业一把手是企业文化建设的第一责任人，负责企业文化建设的规划、设计和组织实施。党政工团要按照在两个文明建设中所担负的责任，遵循以人为本，实现管人、管物、管事一体化的思路，各有侧重，互相配合，形成党政工团齐抓共管、职能部门各负其责的企业文化工作格局。

在年度考核中，引入企业文化定位考核，使各级管理人员和广大员工积极参与企业文化建设，并对企业文化建设和管理工作提出各自宝贵的建议，从而使企业文化定位深入人心，增强企业凝聚力。

第三节 重构价值观体系：寻找行为的根源

价值观的重新提炼

在企业价值观的提炼过程中，需要时刻牢记的是，不是为企业创造"新"的价值观，而是在诊断评估的基础上：①将原来模糊不清的价值观提炼出来；②将原来的价值观当中不适应企业发展的因素淘汰掉；③建立适合现代企业发展并且能为企业全体员工所接受的核心价值观。

没有谁能够为企业创造一种"新"的企业文化，因为只要企业存在，企业就有自己的文化，这种文化就会在日常的工作与生活中表现出自己的力量。任何所谓"新"的企业文化要能够在企业中扎下根来，都必须是从企业旧有文化中提炼出来的，是对企业旧有文化中的优秀文化进行发展改造的结果。在企业价值观的提炼过程中，国内的企业最常犯的一个错误就是给企业嫁接一种价值观。这种价值观往往要么是从著名企业中照抄过来的，要么是从自己的逻辑思维中推理得到的，它们的一个共同特点就是都没有考虑企业自身的实际，都太理想主义，都太相信自己的力量，真的以为"好"的企业价值观一经提出，立刻就会立竿见影，起到骈集影从的效果。

国内接受企业文化咨询的企业，他们往往希望咨询机构能够提供"漂亮"的企业文化范本，这不仅是指包装外表的"漂亮"，还包括企业文化理念体系内部的"漂亮"，在这样的要求下，文本的企业文化就显得包罗万象，最终却失去了企业文化真正应该有的作用，很难引导和塑造员工的行为。因此，建立新的企业文化体系必须遵循两个基本原则：

①尊重现实，充分尊重企业历史和企业文化的现状；②超越现实引入现代企业文化体系。

本着这样的原则去建立企业文化体系，新的企业文化体系就是有根的，就是与企业相通相连的。它是对旧有企业文化体系的扬弃，是继承和发展。

电力企业文化非常具有自身的特色，我们总结了在提炼电力企业文化时经常用到的一些企业文化词条，现将它们摘录如下，以飨读者。

提炼电力企业文化的核心——价值观时常用的词条：

以人为本	人性化管理
尊重人格	尊重员工自我价值实现
关心员工福利	质量至上
创造知名品牌	顾客至上
优质服务	敬业
优质工作	高效率
追求合理的利润	协同
回报股东	永续发展
民主	守法
遵守社会道德	正直
诚信	和谐统一
培训与发展	建立学习型组织
推动科技进步	奋斗
自强不息	竞争与合作
创新	追求卓越
承担风险	报效祖国
承担社会责任	保护环境
安全	促进"三个文明"
促进社会进步	安居乐业
造福子孙	社会认可

新价值观宣言的确定

价值观在提炼出来之后，并不等于就可以作为核心价值观进行传播和贯彻了，这时候得到的价值观还只是一些初步的、泛化的看法，要真正成为企业员工所接受的价值观，要真正成为影响企业员工的核心价值观，还必须经历一个核心价值观的确定阶段，只有经过了这个阶段，企业核心价值观才能真正抓住企业的关键，适合企业的需要，由核心价值观生发的企业文化才能够成为企业约定俗成的做法，才能渗透到企业员工日常的行为活动中，起到内凝聚员工、外树形象的作用。

核心价值观的确定从来不是一蹴而就的，它是一个反复调查、反复诊断、反复提炼、反复讨论、反复提升的过程。只有经过反复的努力，经过多次的提炼、讨论、提升，适合企业的核心价值观才会浮现出来，才能够被清楚地理解和接受。

第一，将需要调查的价值观进行分类。

有些价值观因素可以通过问卷调查获得，有些价值观因素可以通过访谈了解，还有的价值观因素可以通过阅读企业的历史资料收集。总之，应该对需要调查的价值观的内容进行分类，根据不同的分类采取合适的调查方法，同时通过各种方法获得的信息可以相互印证、相互补充。

这是企业核心价值观确立过程中非常关键的一步，因为它提供了大量的信息，准备了大量的材料，储备了大量有价值的闪光点。这个环节工作结果和效果的好坏，将直接影响到确立的企业文化是否能够真正适合企业的需要和实际。

第二，对获得的价值观因素进行讨论。

把企业中的核心层人员召集在一起，根据设定的企业文化体系框架，共同探讨企业文化体系中的每一条，逐字逐句推敲，反复争论落实。

在这里要注意的是，参与讨论的员工主要是核心层员工，更通俗点说，就是那些能对企业文化产生影响的员工。只有这样的员工，他们关于企业文化的意见才是真正具有价值和意义的。一般较低层的员工，他们更大程度上是企业文化的执行者，是企业文化的传播者，如果他们不愿意接受企业文化,最后的结果只能是被解聘和辞退,而且企业也可以通过控制招聘程序来减少这一类员工。

第三,将讨论后的核心价值观在员工中进行宣讲。

经过核心层的讨论之后,企业文化基本上会有一个比较明确的框架和结构,其中的条文也基本上会得到固定和细化,这时候就要将核心价值观在员工中进行宣讲,了解员工对于"新"企业文化的看法和感受,了解"新"企业文化与员工旧有思维的契合度,了解"新"企业文化与旧有企业文化的弥合性。此时,还可以通过员工问卷调查,了解广大员工对企业文化体系中各项内容的认知程度和接受程度。

经过此一阶段,一般会得到员工对于企业文化的反馈。要么是"新"企业文化很平滑地融入到员工的行为中,得到员工的欢迎;要么是"新"企业文化与旧有的观念发生碰撞,员工的行为与企业文化产生抵触。前一种情况说明"新"的企业文化与旧有的企业文化实现了良好对接,旧有企业文化得到了继承和发展;后一种情况则会产生两种结果。要么是"新"企业文化强行开拓自己的路径,将不能适合它的员工清除出员工队伍,要么是"新"企业文化吸收员工的一些反馈,继续修正和调整。

第四,最终确定价值观宣言。

经过了第二、第三阶段的几经反复,核心价值观将会越来越清晰。此时,就到了企业核心价值观确立的最后阶段,可以组成一个由企业主要的领导者、员工代表和咨询顾问构成的临时小组,共同讨论第二、第三阶段的工作成果,每个人根据重要度对结果进行排序,并在随后的几天里重新审核排序的内容。然后,重新坐在一起,对比分析工作成果,确定企业核心价值观。

价值观的确定,对于企业文化重构来说算是完成了一大步。但并不是企业文化重构的事情就完了,这只是完成了企业文化重构的起飞,还有更重要的阶段,那就是实现企业文化重构的落地。只有企业文化实现了落地,企业文化才算是融进了企业的血液,才会体现在员工的日常行为中。

第四节 重构行为规范体系:建立基于价值观的行为规范

我们经常会发现这样一种现象:有完整的企业文化手册、规范的制度文化和形象识别系统,却无法产生精神层面在企业行为和员工行为上的有效反映,反过来也一样,二者无法对应。事实上,很多企业正是想通过某一局部的取巧来建设企业价值观,却从根本上忽略了企业价值观无形的存在和作用。

其实,完整的企业文化手册、规范的制度文化和形象识别系统只是企业文化建设的第一步,归根结底还需要企业价值观被员工们共同认可,并在他们日常的工作行为中完全体现,只有这样,核心理念才能发挥其对企业战略目标实现的强大推动作用,企业才能长盛不衰。

目前,我国很多企业的企业文化建设仍然停留在CIS(Corporate Identity System,企业识别系统)的层面上,重视企业形象设计而轻内涵,在企业员工行为规范上,企业往往只重视员工行为准则的设计以及相应的制度约束;对员工行为规范的认识仍停留在员工礼仪规范,如员工仪容仪表规范、商业社交礼仪等方面。CI是将企业理念转化为企业行为的物化过程。企业理念需要通过企业的行为传播出去,才能使企业的形象得以树立。而观念形态上的企业理念只有通过企业行为的实施,才能变成人们看得见、摸得着的客观实在。

有人可能说,制度可以规范员工的行为,因此建立一个完整的制度体系就可以了。的确,没有规矩不成方圆,企业管理必须有规章制度。制度是用来约束员工行为的,通过约束使得员工的行为符合企业的核心价值观。但是再细致的企业制度也会有鞭长莫及的时候,在制度约束不到的地方,靠什么？靠思想层面的企业价值观。只有企业的核心价值观能够指导员工的行动。譬如前面提到的没有文字规范的行为习惯,一个价值观已经被员工认可的企业恰恰会自己形成一种或优或劣的文化规范,很自觉、很统一。这种规范进入理念层面,不符合这种规范的行为会被文化无形的力量纠正,不认可这种规范的人会被企业排斥。所以说,当员工已经完全接受了企业的核心价值观时,员工的行为会超过制度的要求。所以当员工的价值观与公司的核心价值观一致后,规章制度就没有用了,制度约束的行为已经变成了员工的自觉行为,这就是以价值观为本的组织控制,是价值观的巨大力量。

行为规范编写的基础来源于以下方面：

（1）诊断调查。诊断调查主要从现场观察及问卷调查中获取第一手资料,包括员工对公司有关行为的真实看法、调查员现场对行为的感受等。

（2）公司有关文件。这些文件包括党和国家机关所发的有关文件；公司原有的有关企业领导廉政建设、领导行为规范与员工行为规范；公司自身形成的有关行为规范文件。

（3）理念体系的指导。在理念体系框架下,通过理念的指导,形成对员工行为具有引导作用的行为规范体系。

（4）相关经验与数据库。主要从外部获取入手,吸收其他优秀企业的、适合公司实际的相关内容,融入员工行为规范中。

员工行为规范

现代企业员工识别系统基本由三部分构成,具体包括：总则、职业道德规范、员工行为规范以及员工礼仪规范。

员工行为规范总则概述了公司员工行为规范体系设计的目的、重要性、作用范围、期望以及最终解释权等。

职业道德规范，就是同人们的职业活动紧密联系的符合职业特点所要求的道德准则、道德情操与道德品质的总和。道德是人类在社会生活中为了调整人们之间以及个人与社会之间的关系，依靠内心信念、社会舆论和传统习惯所维系的行为规范的总和。它以善恶、荣辱、正义和非正义等作为评价标准，并逐步形成一定的习惯和传统，以指导或控制人们的行为。

员工行为规范是由管理层制定的、以共同价值观为基础的一系列工作行为标准，它描述了我们如何通过共同工作去达到组织目标。

员工行为规范又可分为公司不同层次员工的基本行为规范和日常办公（工作）行为规范等。比如，某研究所的员工行为规范细分为领导干部基本行为规范、科研技术人员基本行为规范、一般管理人员基本行为规范、生产工人基本行为规范以及日常办公行为规范。

礼仪是在人际交往中，以一定的、约定俗成的程序和方式来表现的律己敬人的过程。员工礼仪规范是员工在日常的工作交往和商务交往中体现相互尊重的行为准则，是对员工的仪容仪表以及举止言谈的普遍要求。

在员工行为规范的实际修订过程中，以上具体内容需根据不同公司的特点及需求进行适当调整。

企业行为规范

企业在各种场合所表现的行为不仅反映的是自身的外在形象，更重要的是体现了企业的使命、愿景与价值追求，进而将企业文化传达到众多的相关利益主体中，让员工和全社会在企业的经营活动中感受、认知、理解、尊重自己的企业文化。因此，制定具有统一规范的企业行为规范是企业文化重构实现落地的有效手段之一。

企业行为规范一般包括企业基本商业道德与社会责任、与消费者的公共关系规范、政府和社区公共关系规范、商务公共关系规范以及企业在各种日常重要活动上的规范。一个基于企业价值观的企业行为规范将在整体上展现企业的社会形象。

第五节　新企业文化体系的落地

企业文化重构过程中，为保证新企业文化体系有序推进实施，必须找到一条企业文化落地的路径。仁达方略将这条路径划分为宣传、沟通反馈、培育、行为转换、长期建设五个阶段，对应企业文化落地的流程，就是企业文化的传播与推进（宣传阶段）、沟通渠道（沟通反馈阶段）、制度建设和领导风格（培育阶段）、工作行为（行为转换阶段）、绩效考核和激励机制（长期建设阶段）。

宣传阶段

宣传就是将企业文化传播到员工们中间，让员工们了解、接受并最终实践企业文化。根据前面叙述的企业文化传播理论，宣传可以采取多种多样的方式，选择各种各样的传播符号，通过故事理念化和理念故事化，尽可能地扩大宣传的效果，使得企业文化最终成为员工的行为自觉。

宣传必须有一个系统的方案，这样在进行宣传的时候才会达到企业所要求的效果，使得企业文化建设在企业中深入人心，得到大家的支持，形成建设企业文化的软环境和硬环境，实现企业文化建设的顺利开展。

企业文化传播系统不是泛泛而谈、虚无缥缈的文字表述，而是具有很强的操作性，这样才能使企业文化的传播显得深入而具体。在实践中，讲故事是企业文化在企业中传播最有效的方式之一。因为故事使得事情更加的凝练，有情节感。它是一种潜移默化的形式，避免了那种向员工灌输的强行导入方式，更能够得到员工的认同。因此，在进行企业文化建设的时候，要做到故事理念化和理念故事化相结合，以取得最好的传播宣传效果。

沟通反馈阶段

许多企业将它们的企业文化印在卡片上、T恤上和咖啡杯上，但最有效的办法要简单得多，而且花费更少。某百货公司在入职培训时，公司不是给新员工一本详细的手册，告诉他们如何向客户提供优质服务，而是向他们详细讲述公司的同事如何竭尽全力赢得客户称赞的故事：

有一位销售代表，他连问都没问就同意客户退回了已购买了2年的女式衬衫。这个故事讲了一遍又一遍，最终使员工更加相信，他们是在为一家不同寻常的公司工作。在商店不营业的时候，经理们会通过公司内部的对讲系统，宣读客户的表扬信和批评信，这样员工可以直接听到别人对他们工作的评价。

企业理念要得到员工的认同，必须在企业的各个沟通渠道进行宣传和阐释，企业内刊、板报、宣传栏、各种会议、研讨会、局域网，都应该成为企业文化宣传的工具，要让员工深刻理解企业的文化是什么，怎么做才符合企业的文化。

企业文化在企业中的沟通渠道，主要有两种方式：正式的和非正式的。正式的沟通渠道一般是自上而下的遵循权利系统的垂直型网络。非正式沟通渠道常常称为小道消息的传播，它可以自由地向任何方向运动，不受权力等级的限制。

正式沟通是指在组织系统内，依据一定的组织原则所进行的信息传递与交流。例如传达文件、召开会议、上下级之间的定期的情报交换等。另外，团体所组织的参观访问、技术交流、市场调查等也在此列。

正式沟通的优点是：沟通效果好，比较严肃，约束力强，易于保密，可以使信息沟通保持权威性。重要信息的传达一般都采取这种方式。其缺点是：由于依靠组织系统层层的传递，所以较刻板，沟通速度慢。

随着互联网和局域网的发展，人们对于传统的正式的沟通渠道越来越不屑一顾，员工往往对正式的、强势的价值观灌输方式持反感的态度。而非正式的、水平的公司员工个人之间的沟通网络对于价值观信息的传递显得尤为重要。

非正式沟通渠道指的是正式沟通渠道以外的信息交流和传递，它不受组织监督，自由选择沟通渠道。例如，团体成员私下交换看法、朋友聚会、传播谣言和小道消息等都属于非正式沟通。非正式沟通是正式沟通的有机补充。在许多组织中，决策时利用的情报大部分是由非正式信息系统传递的。同正式沟通相比，非正式沟通往往能更灵活迅速地适应事态的变化，省略许多烦琐的程序；并且常常能提供大量的通过正式沟通渠道难以获得的信息，真实地反映员工的思想、态度和动机。因此，这种沟通往往能够对管理决策起重要作用。

非正式沟通的优点是：沟通形式不拘，直接明了，速度很快，容易及时了解到正式沟通难以提供的"内幕新闻"。非正式沟通能够发挥作用的基础是团体中良好的人际关系。其缺点表现在：非正式沟通难以控制，传递的信息不确切，易于失真、曲解，而且它可能导致小集团、小圈子，影响人心稳定和团体的凝聚力。

现代管理理论提出了一个新概念，称为"高度的非正式沟通"。它指的是利用各种场合，通过各种方式，排除各种干扰，来保持经常不断的信息交流，从而在一个团体、一个企业中形成一个巨大的、不拘形式的、开放的信息沟通系统。实践证明，高度的非正式沟通可以节省很多时间，避免正式场合的拘束感和谨慎感，使许多长年累月难以解决的问题在轻松的气氛下得到解决，减少了团体内人际关系的摩擦。

将正式的与非正式的沟通渠道相结合，为员工提供良好的企业文化观信息来源与有效的反馈，对于加强公司文化建设十分重要。

培育阶段

在塑造企业文化的过程中，必须建立健全保障机制，完善企业制度。因此，企业制度的制定、实施与修改是文化落地过程中的关键问题。制度既是企业生产经营工作的必要条件，也是企业文化建设的一项重要内容。从企业文化角度看，企业制度一方面是科学技术、科学管理的体现，另一方面又是企业文化的具体体现，因此，建立和完善各项制度，对于塑造企业文化有重要的保障作用。

具体来说，企业管理制度主要包括：财务制度，营销制度，岗位职能的规范和完善，业务流程的规范，薪酬制度，绩效考核制度，奖惩以及激励制度。

公司在对待员工的问题上一定要一视同仁，建立公平的评价机制，公司以目标管理方式来评鉴员工工作绩效。目标应是客观、明确的，没有差别歧视待遇。

在员工职业发展上，公司要帮助其制定相应的发展规划，鼓励员工在技术上及专业知识上不断发展，不断开拓新的知识领域，同时也鼓励员工发展管理方面的技巧与能力。

在员工的职位升迁上，要根据其综合表现来确认是否升迁，不仅考虑其技术能力，而且也考虑其完成工作的能力及负责任的态度，不仅靠过去工作的表现，而且也需要由追求成功的信念及企图来决定，也就是说要看个人的价值观是否和公司团队的价值观相一致。

第九章 企业文化重构的路径选择

在薪酬发放上,以员工绩效、能力来核定薪水的高低,根据员工对绩效的贡献程度来奖赏。公司的成功,让员工来分享,所以还应该建立公平合理的利润分享制度、购买公司股票的方案以及退休计划、劳动安全保障等。

此外,在塑造企业文化的过程中,我们还要建立和健全一些保障机制。

第一,建立健全企业庆典、员工联谊、劳动竞赛、定期评选先进模范等制度,利用一切形式对员工宣传和灌输企业价值观和基本信念,不断激励员工自觉地实践企业价值观。

第二,健全培训制度,特别是新员工的培训和教育制度,使他们从进入企业的第一天起,就受到企业文化的教育和熏陶。

第三,建立企业领导深入基层、充当表率作用的制度,尤其是企业文化形成后,企业各级领导干部必须身体力行,努力使自己成为企业文化的化身,用模范行动影响和感染员工。

总之,企业制度的建立必须以企业文化为基础,建立起实践企业文化的保障机制,才能使企业文化的落地真正落到实处。

很多企业有很健全的企业规章制度,甚至仅仅一本员工手册就厚达几十页、上百页,但是这就能说明企业制度建设已经顺利完成了吗?不能。因为制度建设的作用在于通过其监督、约束、激励、引导等一系列作用规范员工的行为,引导员工正确认识企业的价值观并落实到实践中去。

制度管理一定要体现公平性、严肃性和稳定性原则,要充分体现最广大员工的利益,严格按制度办事,要保持相对稳定,以树立其权威性。否则,制度管理就会有名无实,半途而废。因此,建立一套完善的制度只是第一步,企业还需要对制度的执行进行严格的监督和控制。在制度的实施阶段，除了要坚持"有法必依"以外，还要注意下面两点。

第一，领导必须加以重视。领导者作为企业价值观的第一倡导者和实践者，作为企业制度的制定者，处于核心地位，总揽全局，必然对制度实施的效果起到至关重要的作用。国内外大量企业成功和失败的经验表明，一个企业领导者的素质以及他们对价值观的自觉意识程度，是能否塑造好企业价值观的先决条件。

第二，要加强长期教育和引导。通过长期的教育和引导，使员工逐渐领悟企业制度的内涵，保证它们的正确执行。

制度是企业文化落地的硬性保障，领导对企业文化的落地起引导作用。通过制度规范员工的行为，通过领导的表率作用可以给员工树立一个可以参考和效仿的榜样。两者的共同作用，可以有效改变员工的行为，使员工按照企业文化的要求积极采取行动，保证企业文化的顺利开展和落地。落地之后，员工就会由原来的被动接受企业文化、被动按照企业文化的要求采取行动，转变为把遵守企业文化将作为自己的习惯，企业文化将成为员工思想的一部分，无时无刻不在指导着员工。

行为转换阶段

在经过企业文化的培育阶段之后，企业文化成为员工的内在属性，按照企业文化的要求采取行动成为员工的习惯和自然，一旦员工完成了自己行为的转变，企业文化也就真正有了落地的可能，企业文化的建设也就获得了阶段性的成果。

员工行为的转换是企业文化建设真正取得成果的一种表现，也是企业文化建设的一个参考目标。如果企业文化的建设不能使得员工的行为发生转变，不能使得员工按照企业文化的要求转变自己的行为，那么企业文化建设就是不成功的，也不可能实现企业文化建设的其他目的。

长期建设阶段

在企业文化的建设过程中，没有一劳永逸的事情。企业文化的建设需要全体员工在实践中，根据不同时期有计划、有步骤地由浅入深实施导入和传播，达到使全体员工对企业文化由不甚了解到深入了解，由各持己见到高度认同，使社会公众由表及里地认识企业的社会价值和实力，进而产生深刻的认同感和信赖感，从而使企业文化对内部员工与外部公众产生深远的影响与作用。

企业文化的长期建设阶段，企业可以采取两种方式来保证其顺利进行：一是把企业文化纳入企业的绩效考核系统，二是采取有效的激励机制来促使员工落实企业文化的要求。

1. 绩效考核

要将企业文化变成一种自觉行为，融入与员工息息相关的每一个体系，以期成功建立一种强势的企业文化，企业的人力资源政策是在内部落实企业文化的当然路径，但是绩效考核与企业文化之间的关系常常被忽视，将企业文化纳入考核是近几年时髦起来的行动。

将企业文化纳入绩效考核体系并不是一件容易的事。它包括被评价的行为、由谁来评价以及如何提供反馈等。企业文化的考核不同于工作绩效的考核，我们不能直接照搬西方国家的指标体系。我们来看一个适合电力企业的企业文化绩效考核的例子。

通过对国外绩效考核体系的研究以及多年企业文化实践的经验，仁达方略总结了一套适合我国电力企业的价值观考核指标体系。它包括 10 个重要指标：愿景目标、客户与品质、正直、负责、沟通和影响力、资源共享、授权、智慧、主动性和全球观。

所列举的每一个指标都要根据一个五分评价尺度来进行等级评价。与工作绩效考核相似，有关企业文化的绩效考核也基本采用上级考核、同事考核、下级考核、自我考核、客户考核等相互结合的考核模式，其中以上级考核与员工自我考核为主。

一方面，员工对自己在各个方面的认识和表现进行自我陈述和打分，形成员工对自己的客观认识（可能存在夸大或隐藏某些信息）；另一方面，领导就各个方面与员工进行一对一的交流，通过员工在交谈中的话语、表情等反映出来的思想和心态，对员工进行价值观各个方面的考核。

与此同时，同事、下级与客户也可以参与到考核评价中来。最后通过多方评价的汇总，得出每一员工在企业文化各个层面上的得分以及企业文化的总体得分。

绩效考核要达到预期的目的，有效的绩效反馈是至关重要的。首先，应当向员工提供经常性的绩效反馈，从而对员工的心态和行为有及时的把握，一旦员工在价值观绩效中存在缺陷，就立即去纠正它，以免使公司蒙受不必要的损失；其次，应当鼓励下属员工积极参与绩效反馈过程，当员工参与到绩效反馈过程中时，他们通常会对这一过程感到满意；最后，尽量少批评，多赞扬和鼓励，重点要放在解决问题上，放在制定具体的绩效改善目标上。

有效的绩效反馈及明确的绩效改善目标有利于提高员工的满意度、激发员工改善绩效的动力以及实现绩效的真正改善，使价值观真正融入员工工作生活的方方面面。

2. 激励机制

企业文化是企业所有行为的基础。企业文化要真正在一个组织中扎下根来，必须将其融入与企业生存与发展相关的一切行动中，如战略、结构、责权体系、流程、领导风格等；融入与员工有关的每一个程序，如用工方法、业绩考评系统、晋升和奖励标准，甚至辞退政策等。

第九章 企业文化重构的路径选择

企业要一而再、再而三地提醒员工，企业文化不只是文字游戏。企业将以企业文化来评估他们，在给予股票、奖金和晋升等奖励时，企业也会以企业文化作为考核标准。甚至决定解雇某位员工，也受企业文化的驱使。

有效的激励机制会使组织的文化转化为员工个人价值观。企业可以通过有效的激励机制及其制度操作来使企业文化融入企业及其员工的自觉行为中去。

员工在工作中的表现取决于三大因素：利益、信念和心理状态。相对应的企业员工激励机制包括物质激励、精神激励和工作激励。

物质激励，也是经济激励，通过实物与金钱等的制度激励员工提高工作绩效、实践企业文化是最常见、应用最为广泛的一种手段。物质激励作为激励机制的重要性一直被大多数企业家和行为学家所重视。他们同时也乐意把具有挑战性的工作、目标、参与决策、反馈和凝聚力高的工作群体和其他非经济因素看成员工激励的刺激物。

工资是工作动机的重要诱因。它是员工购买无数满足需要的必需物品的手段。人们不能仅为了金钱而工作，但是离开了金钱，又有多少人会来上班呢？虽然在各种员工激励的调查中，员工都一致把金钱排在各种激励因素中的第二位，但是为了满足基本的生理和安全需要，一份稳定而持久的工资是绝对必要的。

因此，为实现企业文化的落地，必须采取有效的物质激励机制。企业需建立基于企业文化的战略薪酬体系。战略薪酬要求一个完整的薪酬体系，将工资、薪金、福利等统一在一个体系之中，从各个不同的角度出发，提高薪酬的竞争力。

精神激励指通过满足员工情感上、精神上的需要，对员工的工作予以肯定、表扬和奖励，通过让员工实现自豪感和满足感来实现企业文化的落地，提高企业运营效率。基于本能和思想的动力是精神激励的基础。

内在的生理需要和渴望如饥饿、睡眠等生理需要影响人的决策。你一大早精神抖擞时可能认为某事极其重要。工作了一天，到了晚上11时当你精疲力竭，准备回家时，可能就觉得它无甚重要。人的行为、感知和观念都受生理需要的影响。

然而，人的需求不全是生理性的。人们在情感上、在精神上需要爱，需要被人肯定、被人接纳和有归属感。同时为了满足学习和发展的内在愿望，他们也需要挑战和激励。每个人都有这些需求，它们影响人的决定和行为。我们都见过有些人只为了得到老板或客户的几句夸奖，可以投入令人难以置信的精力和时间干好一件事，也有人为了体验一个极具挑战的工作环境所能带来的满足感，而甘于接受较低的工资和报偿，忍受相当艰苦的条件。

思想动力根植于是非好坏的道德规范。认为某些行为从本质上说比另一些行为好的想法建立在道德判断或人生观的基础之上。思想动力包括几种不同的类型：规范、信念以及远景规划和目的。

规范是思想动力代替本能动力的最低层次。它是人们在社交过程中学到的行为规则，是人们从中选择适当行为的行为库。根据包含道德规范的信念体系进行决策、采取行动，是人类特有的能力。有人曾为国捐躯，也有人宁愿饿死而不去行窃。为了基本信念，他们做出了许多事。信念体系的作用在于它们能超越所有以上提及的行为动力。

最高层次的理念、远景规划和目标能使人们在预见自己和他人的最大潜能的基础上采取行动。人们常常为了追求平等和人的尊严而牺牲幸福，有时甚至献出生命。以组织价值观来激励员工要比短期满足具有更大的道德力量和激励作用。

工作激励则主要是培养自己的部属，大胆授权，给员工更多的机会，让他们有一种工作的成就感和满足感,这个对于激励员工也同样重要。满足内在需要是一种隐形的"薪酬福利",如让员工从自己的工作中获得人生的乐趣、让员工因自己的潜力得以发挥而备感舒畅、让员工因为自己的梦想在工作中得以实现而充满成就感。

通过将企业文化融入工作激励中,使企业成为生气勃勃、充满活力、助人成长的场所,人们在此确立和实现富有挑战性的目标,并为获得自己的成功而承担责任。员工自觉自愿地力求满足他们的内部客户和外部客户,努力提高自身素质,在学习和成长过程中成为具有更高满意度、更强工作能力的团队和员工。他们积极主动,抓住每一个属于自己或组织的机会,并独立解决问题。他们为自己的努力创新并以创造性的方法开发产品和发展经营而深感自豪。

第十章
经典案例研究：中储粮企业文化重构

洪范八政，食为政首。粮食安全生产事关国计民生。我国是一个人口大国，也是一个农业大国，农业支撑着中国半壁江山，如果没有足够的粮食生产，一遇自然灾害就可能面临"吃饭难"的问题。年龄稍长的人也许还记忆犹新的是1959—1961年的三年自然灾害。百姓说得好："家中有粮，遇事不慌。"如果现在或将来我们真的再遇到了自然灾害，出现粮食缺口，其后果不堪设想。常言道：人是铁饭是钢，一顿不吃饿得慌。粮食安全是当前最大的民生。从2004—2013年的十年间，中央"一号文件"都是有关"三农"的问题。"仓廪实，天下安。"手中有粮，喜气洋洋；无粮不稳，无粮不安。粮食是安天下之本，古今中外概莫能外。

中国储备粮管理总公司（以下简称中储粮）是经国务院批准组建的涉及国家安全和国民经济命脉的国有大型重要骨干企业。中储粮总公司受国务院委托，具体负责中央储备粮（含中央储备油）的经营管理，同时接受国家委托执行粮油购销调存等调控任务，在国家宏观调控和监督管理下，实行自主经营、自负盈亏。中储粮总公司成立于2000年，中储粮作为国家粮食安全保障体系的重要组成部分，积极承担着国家粮食安全战略的使命。

中储粮自成立之日起，便一直坚持自己特有的核心理念，并以此引领着中储粮事业的发展。例如，初创期提出的"忠诚、团结、务实、高效"理念；高速发展期提出的"忠诚、创新、高效、卓越"理念。企业文化本身是一个动态创新的过程，只有不断的变革与创新，企业文化才能在新的环境中充满生机与活力。中储粮历经两次企业文化建设，在2014年开启了企业文化重构之路。

第一节　中储粮企业文化重构背景和重构成果

中储粮企业文化重构背景

从 2005 年开始，中储粮就开始"适度发展粮油加工"，从"大粮仓"向"大粮商"转型。业内人士认为，中储粮的发展已经模糊了"政策性"和"经营性"两个角色之间的界限，这完全违背了国家当初成立中储粮的初衷。近些年，中储粮接连出现多起贪腐大案，像中储粮河南分公司在 2012 年发生的牵涉 100 多人的腐败窝案、2013 年在中储粮林甸直属库发生的火灾事故等，暴露出了中储粮在管理上的诸多漏洞，一些业内人士对中储粮在管理粮食收储、拓展经营性业务等方面存在的问题，又开始公开提出质疑。

2014 年 7 月上旬，国务院总理李克强对中储粮总公司作出重要批示，明确该公司发展方向要突出主业，服务国家宏观调控，严守安全、稳定、廉政三条底线，有效发挥收储主力军作用。除了要求中储粮回归"主业"，李克强总理批示中，提出的"严守安全、稳定、廉政底线"，也颇为值得关注。据前述国家粮食系统内部人士介绍，"安全"指的是粮食安全，"稳定"指的是市场稳定，"廉政"指的是干部廉政，这是中央要求中储粮发展中要坚守的底线，也是党中央、国务院对中储粮提出的从严治企的管理要求。这是中储粮企业文化重构的最为重要的背景之一。

中储粮企业文化重构成果

中储粮开展了企业精神和企业文化理念表述语征集、弘扬中储粮精神的诗歌创作和朗诵比赛、中储粮核心价值观大讨论、贯彻李克强总理指示批示学习心得等，召开了企业文化建设系列座谈会，举办了总公司劳模、先进集体和"十佳班组长及班组"评选等一系列主题活动。最终，形成了新时期具有中储粮特色的18字核心理念——"维护国家利益、服务宏观调控、严守三条底线"。2015年1月至2月，中储粮核心理念已先后在总公司总经理办公会、总公司党组会、总公司第一届五次职代会审议通过。"维护国家利益、服务宏观调控、严守三条底线"其内涵为：

一是维护国家利益，始终坚持国家利益为重，把国家利益、企业和员工利益统一起来，切实承担起维护国家粮食安全的使命。

二是服务宏观调控，严格执行国家粮食调控政策，履行主力军职责、发挥主导作用。

三是严守安全、稳定、廉政三条底线，就是保证粮食安全、市场稳定、干部廉政。

可以说，中储粮核心理念与社会主义核心价值体系一脉相承，与中储粮的实际情况紧密相连，既对中储粮的职责使命进行了高度概括，又对中储粮人的行为规范进行了精心凝练，是指导中储粮人履行职责和开展工作的重要指导思想。

第二节 中储粮企业文化重构特点

企业核心理念是在企业独特的成长历程、发展战略、品牌定位以及实体经营策略等因素整体协同作用下而形成的，因此，一个企业的核心理念通常都会"烙上"其企业个性特征的符号。而中储粮核心理念与其他企业的文化理念有什么不同之处呢？可以用政治高度、历史厚度、现实广度和特性深度四个属性特征来予以概括。

1. 政治高度

粮食安全自古以来都是一个国家治国安邦的首要政治任务。

习近平总书记强调："我国是个人口众多的大国，解决好吃饭问题始终是治国理政的头等大事。中国人的饭碗任何时候都要牢牢端在自己手上，我们的饭碗应该主要装中国粮。"

2013年，中央农村工作会议上，确立了"以我为主、立足国内、确保产能、适度进口、科技支撑"的国家粮食安全战略。

2014年7月1日，李克强总理对中储粮工作作出重要批示，明确中储粮发展方向要突出主业，严守安全、稳定、廉政三条线，有效发挥粮食收储主力军作用。李克强总理的批示，为新形势下做好中储粮工作指明了发展方向、提出了更高要求。

党中央、国务院对粮食安全的高度重视、对中储粮事业的深切关怀是不言而喻的。而中储粮也正是为此而成立的。自成立之日起，中储粮便肩负着党和国家赋予的"维护国家粮食安全"这一重大使命，主要负责中央储备粮的经营管理，执行国家粮食宏观调控任务，已经成为国家粮食安全的战略支柱。

而新时期的中储粮核心理念，则是进一步贯彻新一届党中央国务院领导的指示精神，对中储粮的职责使命进行了高度概括，同时也与"三个基本共识"一脉相承。因此，中储粮核心理念具有鲜明的政治高度特征。

2. 历史厚度

中储粮核心理念正是基于"尊重历史"而提出的,这是新理念形成的"根源"。其历史厚度主要体现在以下两个层面。

(1) 中国粮食储备历史文化

粮食储备关系国计民生,历史悠久,中国历朝历代都将其摆在治国安邦的重要位置。我国粮食专仓储备制度始创于春秋战国之际,秦继之,盛行于西汉。至隋已具宏大规模,史称"资储遍于天下"。到唐朝,粮食仓储管理制度在总结历朝历代仓储管理经验教训的基础上,发展到了一个比较完善的水平。

新中国成立以后,党和国家也是一直都高度重视粮食储备,经历过1955年以备荒为目的的"甲字粮"、1962年以备战为目的的军用"506"战略储备粮、1978年粮食储备规模迅速扩大、1990年建立国家专项粮食储备制度等几个关键发展阶段。

该制度在支持粮食生产和保障总量基本平衡方面发挥了一定的作用,但是因规模较小、政企不分、权责不明的体制缺陷,出现粮食数量不实、大量陈化、亏损挂账严重、调运不畅等储备粮管理问题,难以有效实现国家维护和稳定粮食市场的目标。2000年,为深化粮食流通体制改革,改革一系列弊端,党中央、国务院决定组建中国储备粮管理总公司。自2000年5月18日起,中储粮扛起了这面"承载历史重任的旗帜",履行维护国家粮食安全的使命。

因此,中储粮新核心理念中的"维护国家利益、服务宏观调控",是国家和人民赋予的使命,也是历史赋予的重任,同时还是对中华粮食储备历史文化的传承和弘扬。

（2）中储粮自身历史文化

中储粮16年来辉煌成绩的取得，"三个基本共识"的达成，始终都离不开其过去核心理念的引领作用的发挥。

初创期，为了提升管理水平，中储粮提出了"忠诚、团结、务实、高效"的核心价值观。发展期，随着中储粮企业规模的不断扩大，政策性业务的不断增加，中储粮核心价值观需要有所创新。因此，又提出了"忠诚、创新、高效、卓越"的理念。

上述两项理念都是在特定历史条件下提出的，符合公司当时的实际情况，且已深入人心，成为员工辛勤付出、无私奉献的动力源泉，为公司的改革发展提供了强大的文化支撑，同时也为中储粮塑造了良好的企业形象。尤其是"忠诚"这一理念，早已融入每一位中储粮人的血液中，成为中储粮优秀的历史文化基因。中储粮将"忠诚""务实"等优秀历史文化基因，深深嵌入新的18字中储粮核心理念中。例如，"维护国家利益"展示了中储粮人永恒的"忠诚"精神，"严守三条底线"则充分体现了一贯坚持的"务实"精神；而"服务宏观调控"，则进一步凸显了"三个基本共识"之一——中储粮在国家粮食宏观调控体系中的主力军作用是不可替代的。

因此，中储粮核心理念不仅传承了古老的中华粮食储备历史文化，还传承了自身的优秀历史文化基因，并对中储粮16年来实践证明的"三个基本共识"的内涵进行了提炼与升华。这也构成了中储粮新核心理念独特的历史厚度这一属性特征。

3. **现实广度**

首先是面对新常态，坚持国家与历史赋予的使命不动摇，即"维护国家利益、服务宏观调控"。新形势下，粮食市场形势错综复杂，资源环境约束日益加剧，收储压力前所未有，改革发展任务艰巨繁重。中储粮正面临四个新常态,即政策性业务高位运行的新常态;从严治企、从严执纪的新常态;中储粮发展方式和结构调整的新常态;国企功能界定和考核的新常态。这对于中储粮而言,"维护国家粮食安全"的责任更重、要求更高、难度更大。但是,无论形势有多艰难,任务有多艰巨,"维护农民利益,维护市场稳定,维护国家粮食安全"的使命与职责不可动摇。

其次是面对旧问题,强化日常工作的基本要求,即"严守三条底线"。它是支撑"从严治企,突出主业,强化基础,转型升级"的重要基石,更是"维护国家利益、服务宏观调控"的根本保障。

因此,新的核心理念是立足中储粮实际并创新丰富后而提出的,也符合新形势、新常态总的指导思想,符合时代精神,具有极强的现实广度性特征。

4. 特性深度

中储粮总公司是中央直接管理、关系国家粮食安全和国民经济命脉的国有重要骨干企业,主要负责中央储备粮的经营管理,执行国家粮食宏观调控任务。因此,毋庸置疑,中储粮的首要任务定然是"维护国家利益、服务宏观调控",即执行关系国家安全、国民经济命脉的政策性业务,而且要始终坚持"以国家利益至上,以农民利益为先",而不可能像一般企业那样追求利润最大化;而与此同时,作为一家国资委管理的中央企业,还必须像普通企业一样以市场化模式运行,自主经营、自负盈亏,履行国有资产增值保值的重大职责,并实现社会效益与经济效益的统一。

其实,这也是今天仍然需要面对的新常态之一,即国企功能界定和分类考核的新常态。而新理念的提出,正是在新常态背景下,进一步明确了中储粮的使命、职责、主业以及业务发展的方向。

因此,中储粮的核心理念完全符合其企业性质及其业务的独特性,即中储粮业务具有极强的政策性,粮食具有极端重要性。总而言之,具有极强的特性深度特征。

　　中储粮经过企业文化重构之后,广大员工强化了责任心,始终坚持新的中储粮核心理念,齐心协力,共赴使命,继续守住、管好"天下粮仓"。实践表明:中储粮作为国家委托的托市政策执行主体,充分发挥了收储主力军作用,为解决好"三农问题",实现国家粮食"十一连增",维护国家粮食安全,做出了巨大贡献。

后 记

文化如水，润物无声。

文化，蛰伏在蛮荒时代的最初萌芽，淌过先民的血脉横贯古今，充盈着生命与灵魂，赋予追求的梦想，震撼进取的心灵。人类社会文明发展积淀之河流扩展了社会调控的范围，促进社会政治变革、经济变革和文化变革。

进入21世纪，经济日益全球化、一体化，国际分工高度发达，信息技术迅速发展，企业经营环境复杂多变，知识要素作用日益增大。处在这样一个变化和波动性程度日益增加的时代，我们迫切需要寻求一种全新的观察、分析和行动方式。更重要的是，需要有多视角的组织观和新的文化理论。由此可见，跟随动态环境而不断创新的企业文化才是问题的关键。正如美国著名管理学家沙因（Edgar H. Schein）在《企业文化生存指南》一书中所指出的：大量案例证明，在企业发展的不同阶段，企业文化再造是推动企业前进的原动力。

企业是一个有生命力的有机体，成长与发展是企业所追求的永恒主题。任何一个企业从其诞生的那一刻起，就有追求成长与发展的内在动力。企业在成长过程中都会经历具有不同特点的若干发展阶段，这要求企业在各个方面不断地进行变革与之相适应，尤其是企业文化建设。企业文化能否适应企业成长周期（初创期、成长期、成熟期和卓越期）各阶段的特点，直接关系到整个企业的管理效率能否提高、经营业绩能否实现、核心竞争能力能否形成。

　　文化重构要求企业在文化建设中应注重传承历史，发扬优良文化传统，寻找企业、员工以及社会共同的"文化基因"，努力为企业文化的建设寻一片沃土。企业与生物体一样都遵循"成长周期"的规律，经历一个出生、成长、成熟直至卓越的生命历程。企业文化是一个动态的发展过程，不是一成不变的，而是可以塑造、改变与创新的。企业文化重构是一项全面而系统的工作，文化问题不会自行得到解决，仅仅实施零星的不系统的努力，并不足以支持一个全面的、长久的文化重塑。

　　企业文化重构不是对过去的全面否定，而是一种扬弃，是一种在继承优秀基因基础上的文化重塑。一个组织的文化变革要有足够的勇气去否定自我、超越自我，要放弃过去的荣耀、对过去成就的迷恋，而保留并坚守其中最核心的驱动力量。文化重构必须在实践的检验中不断获得动态发展，应当吐故纳新，我们必须对企业文化进行滋养、丰润和淘洗，使之永葆青春活力和对环境的高度适应性。

　　随着经济全球化、一体化的发展，企业的竞争环境和竞争规则发生了深刻的变化。处于动态竞争中的企业，其竞争基础也在发生着变化，迫切要求企业采取相应的竞争战略，随之而来的是企业文化的与之匹配。企业文化重构的本质一定是对外开放的文化，是不断摆脱落后，是勇于进取，不断吸收新因素、适应新环境、创造新市场使企业不断蓬勃向上的文化。在动态竞争环境下，企业应随着企业的不同发展阶段来重构和提升企业文化。企业文化重构的动因在于其自身的规律和本质特征，企业文化新陈代谢的过程和企业文化冲突的过程也就是企业文化重构的过程。企业文化是决定企业兴衰的关键因素，而在动态环境下，企业文化重构才是推动企业前进的原动力。基于核心竞争力的企业文化重构，是企业能否繁荣兴盛并持续发展的一个关键因素之一。

　　深耕文化土壤，收获春华秋实。北京仁达方略企业管理咨询有限公司是国内领先的大型管理研究与咨询机构。公司拥有丰富的大型企业咨询经验，已成功为诸多行业旗舰型企业提供了全方位、高质量的组织变革咨询服务。公司创建了诸多引领性的先进管理理论与方法论，并推进其在中国管理实践的运用。这次，仁达方略多年来在企业文化领域内的专题研发成果《企业文化重构》的出版，意在提醒企业家注意——在企业内外环境出现重大变化和转折时期，环境的变化成为企业文化重塑的推动力。"风物长宜放眼量"，今天必须思考长远的未来，因为未来形成于今天。《企业文化重构》作为向导，将带着我们开始企业文化的重构之旅。它像一条恣肆流淌的河流，载着我们，窥见文化重构的源头一角，随着探索的深入，还有更广阔的世界等着我们去发现。

　　大势所向天地宽，终究奔涌归浩瀚。仁达方略咨询的智慧让思想的河流恣意流淌，成为润泽国内企业的智库。